日本人の平均寿命・過去最高！

何がめでたい！日本人の老後

医者には決して書けない
「老後の十戒」

NPO二十四の瞳
理事長
山崎 宏

はじめに

平成29年版「高齢社会白書」（内閣府）によれば、ニッポンの高齢化率27・3％。現時点（平成30年6月）での100歳以上人口は7万人超。

この勢いはさらに加速し、10年後は全人口の10人に1人が認知症との予測がなされています。さらに2人に1人が、がん患者になるというのです。

国家財政は風前の灯火。親子の絆は遠い昔。地獄のような時代を長生きしなければならない私たちには、国にも子どもにも頼らずに、自分の老後は自分で責任を持つ……。そんな自律した、クールな生きざまが求められています。

おそらく、だれも異論はないはずです。問題は、具体的にどうすればクールな老後を手にできるのか。これに尽きるのではないでしょうか。＊クール：「自律した、カッコいい」

今回、ＮＰＯ二十四の瞳では、問題意識の高いシニアのみなさまに、１００歳まで生きなければならない時代を本当の意味でハッピーなものにするために、どうしても知っておいていただきたいことをお届けすることに致しました。

内容は、これまでに、のべ6千件の電話相談を受け、1千件超の個別支援に対応するなかで行きついた、円滑老後の処世術ともいうべきものです。

書店に所狭しと並んでいる終活本や、メディアでもっともらしく無機質なコメントを繰り返している評論家からは決して入手することのできない、超実際的な老後戦略を10箇条にまとめました。言わば『安心老後のバイブル』です。


メディアも永田町も霞ヶ関もスポンサーや業界団体に気を遣ってしまうので、なかなか本当のことが私たちに伝わってきません。この現状を野放しにしていたら、私たちの人生は台無しになります。

本来は主役であるはずの座を、医者やケアマネや成年後見人といった他人にいいようにされてしまって、自分の人生なのに自分の意思を通せなくなって進路を誤ってしまいます。

それでは、いくら長生きしたって意味がありませんから。


ところで、私は医者ではありません。仮に医者であったなら、きっとこんな本は書きません。商売がやりづらくなるし、業界筋や同業者から何をされるかわかりませんからね。

たしかに医者ではありませんが、彼らのことはかなり知っているという自負があります。私は4つの病医院勤務を経て、この12年は、医療や介護の情報公開をミッションとするＮＰＯを切り盛りしてきました。その活動を通じて、医療者との諸々の折衝を経験してきました。

セカンドオピニオンにも手術所見の説明にも１００回以上同席してきました。

また、週刊医療タイムズという医療メディアに在籍していたこともあり、四病協（正式名称：四病院団体協議会「一般社団法人日本病院会、公益社団法人全日本病院協会、一般社団法人日本医療法人協会、公益社団法人日本精神科病院協会」）や東京青年医会といった医師コミュニティとの接点が腐るほどあるんです。

おまけに、中学高校の同期生や先輩後輩は医者だらけ（筑駒医師の会）です。

医者の信じられないような言動を、飲み会の席で目の当たりにすることがよくあります。彼らのパーソナルなネタには目をつむるとして、医者のいちばんよくないところは、患者に施す医療と、自分や家族が病気になったときの対処がまるで違うことです。

真逆と言ってもいい。それが現実です。

ですから、医者にとって良い患者になってしまって、彼らの言うままにクスリや手術や検診を受け入れることはリスク以外の何物でもありません。

要は、不健康になってしまいます。医者とつきあえばつきあうほど、私たちは健康から遠ざかっていくというのが持論です。

極端な話、国民皆保険の医療保険制度なんて国家的詐欺システムだと、心の底から思っています。

ということで、手元にある600枚超の医者たちとの交流でわかった、私たちが健康で前向きに長生きするために知っておいたほうがいい情報をまとめたというわけです。

第一章では、100歳まで自分の人生の主役でいるために、犯してはならない十箇条をまとめました。これは私の啓発講座で頻繁にお話させてもらっている内容です。

長生き時代の様々なリスクを減らしながら、最後のさいごまで前向きに日々を過ごすにはどうしたらいいのか。歯に衣着せないで、思いっきり具体的にご紹介しています。

さらに第二章では、認知症の正体であるアミベー君（アミロイドβタンパク）、がん細胞君、チャラ医さん（ＣＤ）に登場してもらって、ＮＧにならないための工夫と、健康を維持するための医療とのつきあい方を本音で話してもらいます。

なお、パート１のプロローグでは、昭和から平成への移行期に日本中で話題となった栗良平さんの「一杯のかけそば」を一部アレンジして引用させていただいています。ともに苦難を乗り越えた母と子が、後に母親の認知症発症を機に悪夢のような事態に陥っていく様子をドラマ仕立てにして綴ってみました。

イベント等で独演するのですが、手前味噌ながらとても好評で、みなさん、大いに泣いたり笑ったりしてくれます。とくに、厳しい時代をご存知の年配の方にはこのお話は真剣に聞いていただけます。

本書全体を通じて、欧米では知られているのに日本ではほとんどの人が知らされていない驚愕の真実をお伝えしています。

皆さんの今後の健康観と医療観の一助にしてください。

そして、縁あって本書を手にしてくださった方が納得の長生き人生を実現できますように心から願っております。

2018年8月

山崎　宏

何がめでたい！　日本人の老後《目次》

2 死なない

3 医者に行かない

4 家族に介護させない

5 施設に期待しない

6 終活ブームに乗らない

7 おカネに執着しない

8 人に迷惑をかけない

9 延命治療はしない

第一章

医者には決して書けない

「老後の十戒」

老後の十戒

❶ボケない
❷死なない
❸医者に行かない
❹家族に介護させない

5 施設に期待しない
6 終活ブームに乗らない
7 おカネに執着しない
8 人に迷惑をかけない
9 延命治療はしない
10 葬儀はしない

1 ボケない

現代を生きる人々がもっとも恐れているもの、それが認知症です。

必ずしも医学的根拠があるわけではありませんが、経験則からして、認知症すなわち「脳の萎縮」を防ぐには、意識的に脳を使う「学び」と、本能的に脳を刺激する「遊び」に尽きると思います。

《「セルフアセスメント」について》

人間誰しも、自分の意思で生まれてくるわけじゃありません。生まれてからの長い人生にしても、自分の思い通りになることなどまずないでしょう。

みな、ひとりで生まれてひとりで死んでいきます。

生まれてオシメをつけられ、またオシメをつけられて、周囲に迷惑をかけながら死んでいくのです。どんなに偉い人でも、どんなにおカネ持ちの人でも大差はありません。

私事で恐縮ですが、50歳のときに、比叡山のふもとのお寺で「内観」を体験しました。瞑想状態でみずからの人生を振り返り、胸の内で感謝と謝罪を言葉にしていくのですが、あの後から、少しだけ謙虚になり、煩悩を捨てられるようになりました……。


戦争でも事故でも殺人でも自殺でもなく、人間の基本的なプロセスを経て人生を終われることに感謝すべきなのかなぁ～。今では、自然とそんなふうに思えます。

そうなると、毎日毎日が、ひとつひとつの仕事が、ひとりひとりとの出会いが、とても新鮮で刺激的で素晴らしいものに感じられるから不思議です。

次の世代に引き継ぐものは引き継いで肩の荷を半分おろしたら、もう半分の荷物は心の中の問題です。セルフアセスメントというのですが、これは、これまでの「人生を振り返り」、「感情の清算をする」ことです。

そうすることで、おカネや煩悩から解放されて、人生をエンジョイすることができるようになるのです。

そう、悲観しない。一見、ネガティブと思える事象を前にしても、それがわが身にもたらされた意味を考えることで、理性的に割り切る術が身につくのです。物事のマイナス面を見るのではなく、自然とプラスの面を見られるようになるのです。

この感覚は、いろいろなものをひとつずつ喪失していく老いの過程だからこそ、とても重要だと思います。

《「菩薩顔」と「般若顔」があります》

歳を取ると子どもに返ると言いますが、たしかに、その人の本性というか本能というか、素の部分が表に出てくるようなところがあると思います。

病院や施設で仕事をしていたとき、患者の最期に立ち会う機会がよくありました。そのときに、亡くなられる方々の息を引き取る瞬間の顔は、大きく二通りあるのだなぁ～と感じたものでした。

それは、「菩薩の表情」と「般若の表情」です。仏と鬼と言ってもいいかもしれません。

つまり、とても穏やかな死に顔と、とてもおぞましい死に顔の人に分かれるのです。

それは、その人の性別・職業・経済状況・家族状況等の属性とは関係ありません。おカネ持ちでも貧乏でも、身寄りがいてもいなくても、分け隔てなく、菩薩顔と般若顔があるのです。

終末期の患者さんといろいろなことを話してみて、そして、看取りの場に居合わせてみて、私なりに行き着いたこと。

それは、老後におけるお子さんたちとの関わりにおいて、おカネをはじめとする煩悩をうまく捨てられた人は、とても安らかな表情で旅立たれたように思える……ということです。

また、身寄りのない人であっても、過去のネガティブな経験について感謝や謝罪をして、きちんと清算できた人も同様です。

逆に、心の内を開くことをせず、日常的にどこかとげとげしい言動を繰り返すまま最期を迎えた場合、眉間に皺を寄せて、恨めしそうな形相で逝かれることが多かったように思います。

こうした経験から、やはり、この世のネガティブな感情を次の世界まで引き摺っていくようなことは避けるべきなのかなぁと考えるようになりました。

《「人生を清算したら、人生を思いきり楽しむ」ことです》

「病は気から」という言葉もあるように、気持ちを前向きに持つということは本当に重要なことです。その対象は、人によって、仕事でも趣味でも道楽でもスポーツでもボランティアでも、何だっていいのです。

要は、ワクワクドキドキ、ハラハラドキドキするような刺激。これが老化を抑制してくれるのです。なんの刺激もない生活に慣れてしまうと、ボケてないのにボケたようになってしまいがちです。

同じ80歳でも、いろいろな80歳がいますよねぇ。

認知痴症ではないのにボケているみたいになっている人は、おそらく脳を使っていないからではないでしょうか。脳の老化で何が怖いかと言えば、使わなくなってしまうこと。ただそれに尽きると思います。

それでは、脳という臓器のどこから老化が始まるのでしょうか。そこがやられると、もの忘れが始まると注目される脳の「海馬」という部分があるのですが、実は、海馬より先に縮む部分が「前頭葉」です。

前頭葉が縮むと意欲が落ちます。意欲が落ちて、楽しみもやる気もなくなって頭を使わなくなり、体も使わなくなって歩行能力が落ちたりします。

では前頭葉を使うとはどういうことでしょうか。これこそが感情の老化抑制、つまり、ハラハラドキドキの感情体験をすることなのです。

ですから、奥さんが黄色い声をあげてジャニーズ系アイドルを追いかけ回しても文句を言ってはいけません。男性の場合には、ゴルフであれ、カラオケであれ、クラブ遊びであれ、奥さんは頭ごなしに叱ってはいけません。

みんな、もうちょっと遊んでもいいのです。感情を若々しく保つことが老化予防の基本なのですから。やはり「よく遊び、よく学ぶ」ということが脳の健康維持には有効なのだなぁ～と改めて思います。

色恋に勝る良薬なし

枯れて、萎んで、ひとり哀しく死んでゆく……。

そんな孤独な最期がイヤならば、積極的に社会との関わりを持ちましょう。老人クラブでも趣味のサークルでも何でもいい。すべてはアナタの心の持ち方次第です。

年齢を理由に、自分の心にタガをはめるのだけはやめましょう。

もっとも理想的なのは、老いらくの恋の相手を見つけることです。

人間には108の煩悩があって、食欲にもまして異性に対する関心や興味は生涯なかなか尽きないもの。そうでなければ人類は絶えてしまうわけで、当然といえば当然なのかもしれません。

詳しくは、第二章の「NG回避の十訓」（⑧社交を楽しむ）をお読みください。

《「最悪、おカネがなくても心配ない」、これ本当です》

「年金も受給してないし、預金もない。援助してくれる身寄りもない……」。

年に数件、こういった相談が寄せられます。

そんな時は、ぶっきらぼうにこう告げます。

「なんの心配も要りません。大丈夫です。これから2つのことをお話しします。それさえ知っておけば、何も問題はありません」。

ひとつの方法は、福祉国家ニッポンの王道、生活保護の受給です。年金も貯蓄も助けてくれる身寄りもいない……。そんなケースは十分にあり得ます。

こんな時こそその生活保護なわけです。これで生きていくための衣食住は確実に確保されます。


にもかかわらず、「いや、できたら国や福祉の世話にだけはなりたくない」とおっしゃる方がいます。ですが、ここは冷静に考えてもらわないといけません。

だって、ホームレスやって、道行く人に「めぐんでください」とやるほうがもっとみじめだと思うんですよね。

つまらない体面は捨ててください。ある意味、現役時代に納税してきた立場であれば、国民の当然の権利なのですから。

ちなみに、病院に入ろうと、施設に入ろうと、周囲の人から「あの人は生活保護を受けている」などと指を差されることはまずありません。本人もしくは職員が意図的に発信しない限り、患者は患者、要介護者は要介護者に過ぎません。

生活保護さえ受けてしまえば、医療と介護は一切おカネがかかりません。住む場所がなければ養護老人ホーム・経費老人ホーム等を確保してもらえます。

介護が必要になれば、普通であれば何年も待たなければならない特養（特別養護老人ホーム）やケアハウスにも優先的に入れます。

割りきってしまえば、何ということはありません。酷な言い方かもしれませんが、現役世代と違って失うものはかなり減ってきているはずです。

つまらない見栄のために電車に飛び込まれたりしたら、かえって大勢の人に迷惑をかけることになりますからやめてくださいね。

それでもどうしても、どうしても「生活保護」に対して抵抗があって、ちゅうちょしているうちに体調を崩し、どうにもこうにも身動きが取れなくなってしまった……ということとも実際にはあり得ます。

そんな場合には、這ってでも病院の玄関まで辿りついてください。最低限の医療処置をした上で、自治体や警察と連絡を取り合いながら何とかしてくれます。

身寄りが見つからなければ、このタイミングで生活保護を受給することになります。死に場所も手に入ります。ここまでくれば、本人のメンツも何もないでしょう。つまり、何とかなるのです。


こうして考えてくると、いまの日本で「終のすみか＝死に場所」の問題でいちばん選択肢が少ない人たち、それが国民年金だけを拠り所にしているシニアのみ世帯ということになります。

ひとり月額6万円。貯蓄ゼロだったとしても、仮に遠方であれ、独立した子ども世帯があると生活保護の対象にもなりにくい。ほんとキツいはずです。

でもこういう層のシニアはとても多いです。

独自の調査によれば、10人中6人はここに入るのではないでしょうか。言葉は悪いですが、現役世代に中途半端に頑張ってしまった人たちがエンディングの問題で困っています。

生活保護受給者にも諸事情はあると思いますが、国民年金だけで暮らしている人たちにだって事情はあったはず。

厚生年金の平均受給額が月額16万円ですから、それより10万円も支給額が少ないわけです。生活保護だって10万円以上はもらえます（地域や状況により変動）。

不条理を感じますね……。こういう人たちにこそ、福祉の予算を分配すべきだと私は強く思います。だからせめて、いつでもなんでも気軽に相談できる窓口を提供していきたい。

少しでも状況が良い方向へ向かうようお手伝いして差し上げたい。そんな思いで日々活動をしています。

2 死なない

これはもう基本中の基本です。そりゃ、そうでしょう。死んでしまったら、このレポートのサブタイトルを実現できませんからね。では、死なないためにはどうするか。

答えは、死亡確率を抑えるべく、日本人の死因トップテンを回避するような生活を心がけることです。注目すべきは、死因のトップ4（がん・心筋梗塞・肺炎・脳梗塞）で年間死亡者数130万人中の7割を占めているという事実です。

そして、これらの病気は、いずれもが生活習慣病であるということです。

個々の病気にもよりますが、生活習慣病を引き起こす要因としては、ざっくり言えば、習慣6割、環境（加齢含む）3割、遺伝1割といったところでしょうか。

それでは、まずは、生活習慣病を防ぐための基本的なことをお伝えし、その後で、各死因別に、注意すべき点をご紹介していきましょう。

《生活習慣病の予防策を考えましょう》

生活習慣病のリスクを減らすには、生活習慣病の5つの決定因子『喫煙・食事・飲酒・運動・ストレス』を意識した生活を心がけることです。

まぁ、「わかっちゃいるけど変えられない」という方がほとんどでしょうが、100歳まで人生をエンジョイしようと思うのであれば、やはりできるかぎり健康的な暮らしを意識的に実践することが不可欠です。

★喫煙について

まず、なんといってもタバコ。喫煙は、血管を収縮させ、高血圧等の原因になります。また、がんを誘発することでも有名です。長いこと、男性の死因トップは肺がんです。煙草が最悪なのは、吸わない人にまで迷惑がかかることです。他人の吐いた煙でがんになってしまうこともあるのですから迷惑な話です。

で、これはもう、キッパリとやめる。無条件でやめる。愛煙家とは極力かかわらない。

いまや世界中でタバコの弊害を知らない人はいません。だったらタバコなんて法律で廃止にしてしまえばいいじゃないか……となるわけですが。それはあり得ません。日本たばこ産業の管轄は財務省です。官僚にとって不可欠の天下り先なのです。利権の巣です。

ということで、いくら世界保健機構や厚生労働省が喫煙による健康被害を訴えても、日本全国からタバコの自動販売機がなくなることはありません。駅、スーパー、コンビニ、百貨店、役所の庁舎、病院の売店ですらタバコは簡単に購入できるのです。

ひとりひとりが強い意志を持ってやめるしか手はありません。

★食事について

食事は、腹五分を意識すること。とにかく、胃を疲弊させないことが重要です。その上で、極力、いろいろなものを食べるようにする。

私が実践しているのが、「マゴハヤサシイヨ」です。豆類、ごま、わかめ、野菜、魚（青魚）、しいたけ、芋類、ヨーグルト。これらを意識的に摂るようにしましょう。

ステーキや揚げ物などカロリーの高いものを食べる際には、食べる順序として、野菜を先に食べるようにします。そうすることで、糖が体に取り込まれるスピードを緩やかにすることができ、身体への負担を和らげます。

他にも、新鮮な野菜には、がんの原因となる傷つけられた細胞を修復する役割もあります。

★飲酒について

お酒には、血液の流れを良くする効果があり、心身をリラックスさせて深い睡眠に誘う効用もあります。でも、度を過ぎれば脂質異常症や肝機能の異常を招きます。

要は、飲みすぎるな、ということです。適量というのは、概ねこんな感じです。ビールなら500ml、日本酒なら1合、焼酎なら0・6合、ワインなら240ml。

そんなに厳密に量ることもないですが、自分にとっての適量を自覚して楽しむということですね。あと、週に一日は休肝日を作ることを忘れずに。

★運動について

運動は、無理のない範囲で、習慣化したいところです。生活の中で姿勢を正す、階段を利用する等でも効果があります。適度な運動は肥満を予防し、ストレスの発散にもなります。ウォーキング、水泳、エアロビクス、ストレッチ等の有酸素運動がいいでしょう。

★ストレスについて

ストレスは煙草とならぶ、がん誘発の横綱です。過剰なストレスは血圧や血糖の上昇、免疫力の低下などの元凶です。

ストレス緩和のためには、休養を十分に取ることです。深い睡眠を取ることです。睡眠不足は疲労の蓄積を招きます。

あれやこれやと頑張りすぎないことです。完璧主義に陥らないことです。物事のマイナス面を見るのではなく、プラス面にフォーカス（集中）することです。

生活環境について。家族に生活習慣病の人がいる場合、注意をする必要があります。家族は生活習慣が似てくるため、同じような病気になりやすいと考えられるからです。

《意識したい健康のバロメーターはこれです》

ここまでに述べてきた悪しき生活習慣が積み重なってくると、身体にさまざまな兆しが出てきます。それを客観的に測る指標として、知っておくと便利なものをご紹介しておきましょう。

★体重について

肥満度を量るには、『BMI＝体重（Kg）÷身長（m）÷身長（m）』を用います。この値が、19〜25なら「標準」、19未満なら「やせすぎ」、25〜35なら「やや肥満」、35〜40以上なら「肥満」、40を超えると「超肥満」となります。

★血圧について

血圧は140以内が適正とされていますが、それではシニアの人はみんな高血圧になってしまいます。製薬会社と医療機関の陰謀が匂いますよね。

多くの医者がこう言います。

60代で160まで、70代で170まで、80代で180までは問題なし。生まれつき血圧が高い人もいるわけで、何でもかんでも「140まで下げなければ」として処方しまくるのは藪医者だと。

むしろ、加齢とともに血圧が上昇するのは適応現象です。長く人間をやっていると、血管の内壁には汚れが付着して、血液が流れるスペースが狭くなります。

そうすると血流が悪くなり、新鮮な酸素や栄養が脳に行き渡らなくなってしまう。

そのリスクを減らすために、血圧を高くしているのだと。

★血糖値について

血糖値は空腹時で120mg／dl、HbA1cは6・0までに抑えるのが適正とされています。しかしながら、これは少し厳しすぎるように感じます。

私的には、空腹時血糖値は130mg／dl以内、HbA1cは7・0までは問題ないと思います。無理して血糖値を下げすぎると、脳に栄養が行き届かなくなり、ボケを助長してしまう場合があると、複数の医者に聞きました。

★コレステロールについて

コレステロール値は220〜250mg／dlが適正とされています。しかし、日本人よりもはるかに多くの肉を食べる欧米では、270mg／dl以下なら問題なしとされています。

また、コレステロールは脳にセロトニンという成長ホルモンを分泌することが知られていて、前向きで明るい気分を喚起してくれるのだそうです。

そういえば、ベジタリアンの人が「うつ」になりやすいという都市伝説もありました。やはり、バランスが大切ということでしょう。

《「死因別の注意点」を再確認しましょう》

★がんについて

紫外線を避け、夏場は日焼け止めを使用する。

朝晩の腹式呼吸と入浴で身体を弛め温める。

＊40〜41℃で30分。内側から汗ばむ程度

家系にがんが多い場合は、とくに上記を「生活習慣病の予防策」と併せて徹底する。

★心筋梗塞について

とくに冬場の入浴時等、急激な温度変化を避ける。

★肺炎について

肺は、体内の二酸化炭素と、体内に取り込んだ酸素を交換する重要な器官。その肺の組織が、細菌やウイルスなどの病原体に感染し、炎症を起こしてしまうのが肺炎です。

肺炎の主な症状は、咳、発熱、胸痛、痰が出る、息苦しいなどで、かぜの症状と間違えられやすいですが、症状が長引き、かぜの症状よりも重いのが特徴です。

病原体の種類によっては、咳や熱などがあまりでない場合もあり、かぜと勘違いしてしまうケースも。

また、肺炎は放っておくと重症化しやすく、入院治療が必要になってしまうこともあります。かぜが長引いたり、高熱や激しいせきが3、4日続いたりしたら、受診してクスリをもらうべきです。

肺炎のかかり方には、普通に生活をしていてかかる市中感染と、何らかの疾患で入院していてかかる院内感染があります。感染の原因は、「高齢である」・「他の疾患にかかってしまった」などの理由で身体の免疫力が低下し、肺にまで病原体が侵入して、感染するケースがほとんどです。

とくに、かぜやインフルエンザにかかり、ウイルスによって気管が傷つけられてしまうと、病原体を体外に排出できず、肺炎にかかりやすくなります。

市中感染の原因として多い肺炎球菌には予防ワクチンがあり、いちど接種すると5年以上は効果が持続するとされています。

★誤嚥性肺炎について

高齢者によく起こる肺炎の大部分は、「誤嚥《ごえん》性肺炎」と呼ばれるもの。これは、本来食道を通って胃に入るはずの食べ物の一部や、唾、痰などが間違って気管に入り込み、その結果、病原菌もいっしょに肺に入ってしまうことで起きます。

主に脳梗塞や脳出血などにより、脳の働きが低下することに起因します。健康体であれば、間違って異物が気道に入ってくるとそれを咳によって排除してくれますが、脳の働きが低下すると咳の働きも低下してしまうのです。

誤嚥性肺炎を防ぐためには、以下のような点に注意すること。

1、食事のときは、なるべく身体（上体）を起こし、安定させる

2、口のなかを清潔にする。とくに食後と寝る前の歯磨きは忘れずに行なう

3、就寝中も唾液を誤嚥しやすいので、上体がやや斜めになるよう寝具に角度をつける（15度程度）

なお、**一般的な肺炎予防対策**としては、以下が挙げられます。

＊風邪をひいている幼児と距離を置く（肺炎球菌は子どもの鼻や喉に宿る）

＊職場の化学物質汚染に留意する

＊自宅や職場に空気清浄器を設置し、可能な限り清潔な空気を吸うようにする

＊人混みに出るときはマスク着用を

＊背骨を適正な状態に保つ

＊インフルエンザを予防する

★脳梗塞について

＊肉やバターなどの動物性脂肪の摂取を減らす。

＊減塩を心がけ、多くの食品をバランスよく摂取する。

＊イワシ、サンマなど、動脈硬化抑制効果があるといわれるエイコサペンタイン酸を多く含む魚類、植物性のサラダ油、種子類（ゴマなど）がお勧め。

他にも、葉野菜、きのこ類、海草類、豆類、芋類などに多く含まれる食物繊維が、悪玉のＬＤＬコレステロールを減らし、善玉のＨＤＬコレステロールを増加させるのに有効。

また、野菜・芋類は、降圧作用、脂質代謝改善作用のあるカリウムを多く含むのでグッド。

《以下の「兆候」を見逃さないようにしましょう》

●片方の手足のしびれ　●手足の急な脱力　●モノに躓きやすい　●ふらつき
●片方の目にカーテンがかかったようにモノが見えなくなる
●モノが二重に見える　●めまい　●話していて言葉が出なくなる
●指先が危うい（モノをつかみ損ねる等）

★腎不全について
＊水分を十分に摂る
＊薬を飲みすぎない
＊平常時の尿酸値&クレアチニン値を維持する
＊尿酸値→男性は8㎎／dlまで、女性は6㎎／dlまで
＊クレアチニン→男性は1・2㎎／dlまで、女性は0・9㎎／dlまで

★肝疾患について

＊B型肝炎のキャリアとセックスをしない

＊薬物注射に手を出さない

＊GOT／GPTは35以下

★動脈瘤について

＊サウナに行かない　＊寒暖差はよくない　＊便秘しない

★慢性閉塞性肺疾患（COPD）について

＊とにかく禁煙。そして、喫煙者の煙を避けて避けて避けまくる。

猛暑の今年は、6月~7月中旬までおよそ1万8000人が救急搬送。130人以上の方が亡くなっています。夏場の熱中症対策は避けては通れません。高齢者が熱中症にかかりやすい最大の理由は、体温調節機能の衰え。

体温調節機能とはズバリ「適切に汗をかく力」のことです。汗を出す汗腺の数自体は歳をとっても若い頃と変わりませんが、1本の汗腺から出る汗の量が加齢とともに減少してしまうのです。

つまり、高齢者は高温になってもなかなか汗をかかず、かいたとしても量が少ない。そのため、とりわけ気温が体温より高くなるような環境では体温調節が困難になり、熱中症にかかりやすいわけです。

★熱中症について

自分で手当てできるのは軽症まで。患者が自分で水を飲めるかどうかが判断基準です。患者に冷たい飲み物が入ったペットボトルやコップを持たせ、自力で水分を飲ませてみる。

自力で飲めない場合は意識障害があるので、ためらわずに救急車を呼ぶことです。

自力で飲める時は、「冷所に寝かせ安静を図る」、「衣服を緩めた上で体の表面を冷やしたり、水分や塩分を補給する」などの応急手当をして様子を見る。

回復すれば医療機関を受診する必要はありません。ただし、様子を見る場合には、たとえ本人が「大丈夫」と言い張っても、患者を決して1人にしてはいけません。

ペットボトル1本持たせて木陰で休憩させていたら亡くなってしまった…というケースが報告されています。必ず誰かが付き添って応急手当を続け、症状の推移を注意深く見守るようにしましょう。

ドラマ等では、意識がない人の口にペットボトルを押しこんだり、口移しにして水を飲ませる場面がよく登場します。でも、これは絶対にやってはダメ。誤嚥（水や食べ物が気管に入ってしまう）につながる危険な行為です。

熱中症の積極的な対策としては、「インターバル速歩」で体温調節の要である汗腺を鍛えるのがいい。これは、ややきついと感じるぐらいの「早歩き」と「ゆっくり歩き」を3分間ずつ交互に繰り返すウォーキング法で、信州大学大学院の能勢博教授が提唱しているメソッドです。

肥満解消、筋力アップ、高血糖や高血圧の改善にも効果が得られることが分かっています。

3 医者に行かない

簡単に言ってしまえば、「クスリを飲まない、検診を受けない、手術を受けない」。これに尽きます。医者との適切な距離感がとても大切です。

基本的に、医者は、高血圧・糖尿病・高脂血症といった生活習慣病を治せません。もちろん、生活習慣病の王様「がん」もです。

現代の医学というのは「対症療法」と言われ、目の前に起きている症状を抑えるために薬を処方したり、切除・摘出したり……。

要は、その場しのぎでしかありません。生活習慣病というくらいですから、その症状をもたらした原因である本人の生活を改めないかぎり、根治できるはずがないのです。

このことをしっかりと理解していれば、医者に言われるがままにむやみやたらに医者通いをして、嬉々として何種類ものクスリをもらって、ときに検診を受けたり、手術台に横たわったりすることの愚を犯さないはずなのですが…。

《「医者は薬を飲まない」これってホント？》

知り合いの医者がたくさんいます。見るからに不健康そうな連中で、いずれも、糖尿病・高脂血症・高血圧症のどれかです。ですが、10人中10人が「クスリは飲まない」と、きっぱり言います。

理由を問うと、「だって、学生時代に教わったもんね。クスリは身体に良くないって」と答えます。彼らは、患者さんには薬を出しますが、自分では薬を飲まずに食事や運動で少しずつ改善していくのだそうです。

私どもの啓発講座に参加されたある女性は、高血圧と頭痛で通院して2年以上になるそうです。その過程で処方される薬の数は次第に増え、現在ではなんと8種類。詳しく聞いてみると、血圧を下げる利尿剤の他、鎮痛剤、睡眠剤、眩暈薬。更に、副作用予防としてカリウム剤、痛風薬、胃薬にビタミン剤…といった具合に、細かな症状毎に薬を付け足されているのです。根本の症状さえ抑えればいいものを、正直驚かされました。

ちなみに、米国では薬の処方を3剤までに抑えるのが原則です。このことは医学生向けの教科書にも明記されています。

であるならば、医者にとっての基本中の基本ルールと言ってもいいでしょう。

病気のデパートと称されるシニアです。その多くは、高血圧、糖尿病、高コレステロール等の症状を複数抱えていて、定期的に通院して薬を処方してもらっている可能性が高い。しかし、年齢がいけばいくほど薬を常用するには注意が必要だということを忘れてはなりません。加齢とともに体内での薬の分解や排泄に時間がかかるようになるため、何種類もの薬を一日に2回3回と飲めば、薬の不要成分が体内に残ってしまったり、薬同士の相乗作用が生じたりして非常に危険だからです。

しかしながら、巷の医者の多くは、そんなことはお構いなしで薬を処方しまくっている。これが実情です。必要がないのに薬を出すだけならまだしも、その薬の副作用で本当に病人を作り出してしまう場合もあるので困りものです。やむなく薬を出す場合には、医師はキッチリと説明する。不安ならば患者もしっかり質問する。そんな関係が求められます。

《「医者との訣別が幸せの入口」と考えませんか》

はっきり言いましょう。健康で長生きしたいと思ったら、今すぐに医者との距離感を見直してください。医者に行って意味があるのは、事故・怪我・感染症などの急性期疾患の場合のみ。

がんをはじめとする生活習慣病の前では、医者は無力です。端的に言ってしまえば、「医者には行くな」ということです。体調がちょっとおかしいくらいで医者に行ってはなりません。逆に不健康になってしまいますよ。

血圧が高かろうが、血糖値が高かろうが、骨密度が低かろうが、そんなものは病気とは言いません。単なる老化現象です。完治することはありません。

薬なんて無駄かつ有害。それ以外の何物でもありません。食事や運動など、生活を見直すことで調整するべきです。これ以上、医者の言いなりになって、良い患者になるのは即刻やめるべきです。

あと、早期発見・早期治療なんて言葉に騙されて、あれやこれやと検査を受けるべからず、です。ほとんどの健診や検診は無駄です。有効性もありません。

痛みを自覚してからで十分です。自覚症状のない人が医者に行ったり、人間ドックにかかったりすると、多くの場合、かなり悪くなって帰ってきます。緊張でストレスを覚えた上、放射能まで浴びせられ、診断結果に一喜一憂してさらにストレスが増して、大抵の人が体調を崩してしまうのです。

仮に、70歳を過ぎてがんが見つかったからといって、手術なんかしたらもったいない。抗がん剤で寿命を縮めるだけです。術後の生活が大変です。

クスリも検査も手術も不要。医者との距離感を適切に保つ。何十年も連れ立ってきた自分の身体。自分のことは自分がいちばんわかっているはずです。

昨日今日偶然出くわした医者に盲従することの愚かさに、そろそろ気づくべきではないでしょうか。

4 家族に介護させない

かつて亀井静香氏が「子が親の介護をするのは美徳」なんて言ってました。でも、賢明な読者のみなさんは、政治家の言うことよりも、このレポートに書いてあることを信じるべきです。

《「自宅か施設か」という深刻な問題》

実際問題として、自分でトイレができなくなったら自宅での療養は諦めるべきです。排泄介助を素人がやるのは無理です。

そんなことを続けていたら、介護する家族のほうが倒れてしまいます。

食事や入浴の介助と違って、トイレだけは計画的にいかないからです。介護する側は夜も眠れなくなり、当初は情にほだされて献身的に介護していたとしても、いつしか要介護状態にある家族を憎むようになっていくのです。

いわゆる老老殺人や介護虐待のもとです。絶対にやめるべきです。

多くの人たちが、人生のどこかで、「親の介護は自宅か施設か」を議論する局面を迎えます。その判断基準は、以下のように考えるといいと思います。

●排泄介助が必要なら、迷わず施設。
●問題行動を伴う認知症なら、迷わず施設。
●認知症で意思疎通が図れなくなったら、迷わず施設。

《家族介護は老老地獄の一丁目なんです》

年老いた親子間の、悲惨で憂うつな事件が増える一方です。いろいろなケースを調べてみると、「老親側が子どもに継承するものを明かすことをせずに、介護をはじめとする老後のサポートだけを求め続けたとき」、哀しく痛ましい顛末が待っているようです。

早い話が、「おカネの話は抜きで、面倒だけ見ろっていうのか！」と、子ども側のネガティブな感情が爆発したとき、「老老地獄」が現実のものとなるわけです。

地球上で、子どもに老後の面倒をかけるというのは人間だけです。失われた20年以降、今の時代は子ども世帯だって自分たちのことで手一杯のはず。

だから、死に際くらいは子どもに面倒をかけずに、自ら幕引きをしたいものです。

おカネを最後の最期まで抱え込んでおこうとする人がいます。また、「産んで育ててやったんだから、子どもたちが親の面倒を見るのは当たり前」と言い放つ人もいます。

でも、それは驕りだと思います。そもそも、子どもを勝手に産んだのは親のほうです。

むしろ親のほうこそ、子どもを育てる義務がある。それが道理ではないでしょうか。

挙句、おカネの話を抜きにして介護まで頼もうというのは、子ども側がちょっと気の毒に思えてなりません。

親側はいつまでもおカネに執着せず、分け与えることになる資産について明らかにした上で、エンディングに向けた支援を真摯《しんし》に依頼すべきです。

そうすれば肩の荷も下りるし、子どもたちとの心理的距離も縮まるはずです。

子どもにしても、自分を産み育ててくれた親を支える覚悟も決まるというものだと思うのです。

5 施設に期待しない

基本的に、施設のパンフレットやホームページは羊頭狗肉。現地見学のときに説明してくれる内容も信じないことです。

施設は当然、自分の家より居心地がわるいものと割りきっておきましょう。

どこも慢性的な人手不足ですから、ときに人格に多少疑問のある人でも採用せざるを得ません。

つまり、完璧を求めてもむなしいだけ。及第点でいいと割りきる覚悟が必要です。

《「入居相談員の話を信じない」、これって肝要です》

入居相談員はとにかく入居者を確保したい。それがすべてです。

彼らの仕事は、一人でも多くの入居者を確保すること。要はセールスです。

ですから、見学者から訊かれない限り、彼らの方から不利益になるようなことは言わないのが当然です。

決して悪意をもってダマそうとしているわけではないでしょう。しかし、セールス職の性《さが》として、本能的に体裁を整えるような話しぶりになることが多いのです。

従って、彼らが話す内容はパンフレットレベルの美辞麗句だったり、差し障りのない表層的かつ抽象的な話だったりすることが多いわけです。

「こんなはずじゃなかった」・「事前に聞いたのとちがうじゃないか。そんな話は聞いてない」。

こうした後の祭りの原因は、入居相談会や現地見学会での「お一人おひとりのライフスタイルに合わせてきめこまやかな」なぁんて表層的な美辞麗句を鵜呑みにしてしまった結果であることがほとんどです。

ここで施設の種類別に傾向を言っておきましょう。

大人気の特養は確かに安いけれど、その経営体質ゆえに不祥事が多いです。

介護付き有料老人ホームは金銭トラブルがいっこうになくなりません。

サービス付きシニア向け住宅は、はっきり言って、サービスなど何も付いていません。

これが本当のところです。

ですから、せめて最低限ゆずれない要望事項だけは叶えてくれるような物件を探す…。

そういうことです。

《「絶対に譲れない要望」については言質を取る》

見学会では、施設側の話を聴いて頷いているだけじゃダメです。見学するに前に、是非ともやってほしいことがあります。

頭の中で、朝起きてから夜寝るまでの、標準的な1日の過ごし方をカラー動画で描いてみてください。

見学物件に入居したら、それがどう変わるのか、変わらないのか。職員のサポートを得ることで日々の暮らしがより円滑になるのか、対応してもらえないことで逆に不便になるのか。こういうシミュレーションをしながら見学しないと時間のムダだということです。

そうじゃないと、大体が後悔することになります。

具体的には、3つのチェックポイント「日常生活」・「緊急時」・「老い支度」に分けて、そこで暮らすために絶対に譲れない要望事項を洗い出します。

具体的であれば具体的なほどいい。

例えば、日常生活のことであれば、食事、入浴、介護、健康管理、娯楽、外出、来客、美容理容、喫煙、ペットの持ち込みといったところでしょうか。

特に食事については、決められた時間に決められた場所で食べなければならないというルールに抵抗を示す人が多いようです。その時の気分で部屋食（居室に配膳してもらって食べる）や出前、さらには外食の要望には対応してくれるのか。

対応してくれる施設は意外と少ないものです。これらについて、現地見学したときに言質を取るのです。そのやりとりを録音しておくぐらいの意識が必要です。

《「医療サポートにご用心」です》

ある相談者（60代・女性）のケースです。

「老人施設に入所している母の様子がおかしいと、施設から深夜に連絡が入りました。その施設は病院と連携しているから安心と思っていたのに、結局私が施設まで出向き、タクシーで救急病院に付き添って行きました。

後日、施設長に確認したところ、提携病院は夜間対応が困難で致し方なかったとのこと。何故か釈然としないのですが……」。

さて、これと同様の相談は、全国的にも非常に多いです。長いこと、同じトラブルやクレームが後を絶たないのです。

ズバリ、介護施設の「医療サポート」を巡るトラブルの原因は、医療機関との「連携」とか「提携」という言葉の定義にあります。

パンフレットや事前説明の場では、「医療機関と連携しているから安心」という話が飛び交います。でも、その実態は……。大手介護事業者でさえ、救急車を呼んでくれるだけで「ハイ、おしまい」ということもあるのです。

対応策としては、入居決定前に、施設側の言う「連携」の定義をしっかりと確認することです。施設側の誰が、どこまで対応してくれるのか。連携病院は、いつ、誰が、どこまでのことをやってくれるのか。

消費者保護が進んできたとはいえ、まだまだ私たちの方で、未然にトラブルを防ぐという意識を持つ必要があるというのが実際のところです。

6 終活ブームに乗らない

巷では、ここ数年、終活ブームが花盛りです。早い段階から、元気なうちから老い支度をしておこうという機運が高まっています。関連する本も溢れています。テレビのワイドショーやバラエティ番組にだって取り上げられることの多い話題です。テレビのみならず、ラジオ、雑誌にしても、終活をテーマに掲げさえすれば、それなりの反響を得ることができるそうです。

しかしながら、この終活ブーム。ちょっと違うような気がしています……。

学ぶことよりも大切なこと。それは、いつでもなんでも気軽に相談できるプロを確保することです。

《「終活ブームの限界」とはこういうことです》

老いてなお学ぶことは素晴らしいと思います。でも、いくら問題意識が高くて、いくら情報収集してせっせと勉強をしようとしても、いざという時に学んだことを活かせない、実践できない……。そんなシニアがとても多いのもまた事実です。

例えば、

- ●ある日突然、親（配偶者）ががんであることを告知された。
- ●ある日突然、親（配偶者）が倒れ、車いす状態になった。
- ●ある日突然、親（配偶者）の入院先病院から退院してくれと言われた。
- ●ある日突然、親（配偶者）の言動がおかしくなった。
- ●ある日突然、親（配偶者）を施設に入れなければならなくなった。

こうしたことは、元気な時にはなかなか考えないものですが、金持ちも貧乏人も、誰しもが必ず出くわすことばかりです。

で、いくらたくさん本を読んで準備した気になっているシニアであっても、いざその時になると、おそらく自分では何もできない。

何をどうすればいいのか判断がつかない。行動に移せない。だれに何をどう伝えればいいのかがわからない。そういうものなのです。

結局、日頃からあれやこれやと勉強しているシニアであっても、いざとなれば動揺して、理解していたはずの万一の場合の対処法を脳内データベースから抽出することがかなわず、身動きできなくなってしまう確率が高い……。

これが、12年間にわたって、シニアを対象とする24時間対応の電話相談サービス、同じく老い支度に係る啓発講座をやってみた実感です。

《「懲りない人々…。もう電話に出るな」と言いたくなります》――

シニアがいくら勉強しても効果がない例をお話しします。オレオレ詐欺、架空請求詐欺、融資保証金詐欺、還付金等詐欺……。いわゆる振り込め詐欺を始めとする特殊詐欺。

警察庁の集計によれば、平成28年度の被害総額は400億円超。被害者の8割が65歳以上のシニアです。平成16年に警察庁が命名した「振り込め詐欺」ですが、周囲の注意喚起も功を奏さず、被害は依然として甚大です。

あいもかわらずシニアが騙されまくっています。

こうなると、騙すほうも悪いが騙されるほうも悪い。そんな論調も出てきています。

いくら自分は大丈夫と思っていても、加齢に伴う脳みその退化と喪失感につけこまれては、いざ電話がかかってきたり、玄関のピンポンがなったりしたときに、咄嗟に防ぐのはむずかしいかもしれません。

聞くところによれば、詐欺組織のスキルアップは想像を絶するものがあるそうで、手口は年々巧妙化しています。これはもう電話も来客も無視するしかありません。

いいですか。もう電話に出ないでください。玄関にも出ないでください。

まずは、自分はもう、いとも簡単に騙されてしまいかねない弱くて危険な状況にあるのだと自覚することです。みんな年寄りの預金をねらっています。

馴れ馴れしい笑顔ですり寄ってくる見知らぬ人を信じないことです。

《「老いる世間は鬼ばかり」と考えるしかない》

医療、福祉、終のすみか、相続、葬儀といった老後の問題は、誰しもが通る道。しかしながら、専門性が高そうで取っつきにくいし、そもそも、あまり積極的には考えたくないもの。

だから、ついつい先送りしてしまい、いざその時になって、たまたま出会った専門家もどきにいいようにされてしまう。

こんなはずじゃなかったと、後悔するシニアをたくさん見てきました。

齢を重ねるごとに、いろいろな不安や悩みごとが押し寄せてきます。しかも困ったことに、役所や医療機関がやっていない夜間や休日に限って……。

そんな時ついついわが子を頼りがちですが、子どもには子どもの生活があり忙しいもの。あまり頻繁に携帯を鳴らすのもはばかられます。哀しいかな、もはや国にも子どもにも期待はできません。

彼らにもゆとりがないのです。子に媚びず気を遣わず、だれに引け目も負い目もない。そんなクールな老後のあり方が、今の時代には求められているのです。

ではどうすればいいのでしょうか。ここはやはり、その道のプロを確保しておきたいところです。

《ご注意！ 使える「専門家《センモンカ》」と、使えない「ニセモンカ」がいます》——

では、その道のプロとは具体的にはだれでしょう?

ズバリ、お奨めは社会福祉士です。お役所は縦割りで融通が利きません。お年寄りがいろいろな窓口をまわって何度も事情を話すのは大変なストレスになります。

かと言って、介護事業所のケアマネジャーは要介護2以上の契約者限定。地域包括支援センターは要介護1までの軽度の人に対応する相談窓口ですが、実際に出向いてみると、人手不足で柔軟な対応はむずかしい状況です。

社会福祉協議会が公民館等で週末に行っている福祉相談会は、残念ながら、ほとんど機能していません。

その点、社会福祉士は人を選びませんし、そもそも、誰からの相談にも対応することを本分とする唯一無二の国家資格です。

タウンページで、お住まいの地域の社会福祉士を探してみてください。

「老いる世間は鬼ばかり」、です。50歳になったら、シニア援助の国家資格「社会福祉士」を確保することをお奨めします。

いつでもなんでも気軽に相談できる社会福祉士は、転ばぬ先の折れない杖。

シニア援助の専門技術を駆使して老後の問題をすべて解決できるだけのポテンシャルを持っています。

7 おカネに執着しない

老い先への不安があるからといっていくらおカネを貯めてみても、おカネは天国まで持って行けません。法律的には、お棺のなかには入れられるそうですが……。

地球上の動物で、子が巣立ったあとも何十年と生き続けて、挙句の果てに、子どもに介護までさせようかというのは人間だけです。そんなにしてまで生き永らえようとするからには、そこに何かしらの意味が必要です。

何もなしに、ただ食べて寝て遊んでいるだけでは、それは単に子どもたちのパイを奪っているに過ぎません。漫然と惰性で長生きするのはよくありません。

きっちりと役割を全うして、これまでに培った価値を子どもらに引き継いで、その上で自分らしい人生のファイナルステージを謳歌しようではありませんか。

《「老老地獄問題の根底にある老親の勘違い」はこれです》――――

電話相談を通じて感じるのは、親子関係について悩んでいる老親が多いということです。自分の死を意識するようになったときに、感覚的に7割の人が、「いま一度、昔のようにわが子との良好な関係を取り戻したい」と懇願するのです。

逆にいうと、歳を重ねるに連れ、親子関係が悪化してしまうケースがとても多いということです。

で、親子（身内）間トラブルの元凶は、突き詰めれば、多かれ少なかれおカネの問題です。親は老いて尚おカネに執着して手放さず、一方で介護など親の面倒を子に期待する。子にしてみればたまったものではない……。そんな子どもを、親は「冷たい」と嘆くのです。

でも、子ども側にしても、何とかしてあげたい気持ちはあるものの、負担だけが上乗せされ身動きがとれなくなってしまうのは困るわけです。

現代のこの国では、有能な人でさえ日々食べていくので精一杯。そんな過酷な毎日を生きている子どもたちに、金銭的な裏付けを示すこともなしに『親の面倒を子が見るのは当たり前』みたいな感覚で接していると、だんだんと雲行きがおかしくなっていくのです。

老老地獄への扉がちらついています。

経済的裏付けなしに子に面倒をみてもらうことなど甘い夢。砂の城にすぎません。


ここはむしろ、逆転の発想をしてみてはどうでしょうか。つまり、子どもに対して、どれくらいのものを残してあげられるのか、残してあげられないのか。

そこのところを完全にオープンにした上で、老後の支援を子に依頼するのです。お金のことをグレーにしたままで作業負担だけを強いるのは、子ども側が可愛そうではないでしょうか。

《「往生際の美学」を考えませんか》

同意してくださる方には、ひとつ提案をしたいと思います。それは、老老地獄に陥らないために、目の黒いうちに資産承継するということです。

どんなにクールな老後を実践したとしても、最後の最期にはだれかのサポートが必要になります。ならばここは割りきって、ギブ・アンド・テイクといきましょう。

タイミングとしては、概ね50歳が理想です。あるいは、第一子が成人した時点。要するに、子が一人前になった時点から、親子の主従関係を漸次《ぜんじ》逆転していく。

親が心身ともに自律しているうちから、老後の支援について役割や要望を託すことと引き換えに、資産を子に承継していくのです。

事例としてはまださほど多くはありませんが、こうすることで、子ども側にも親への感謝と覚悟が芽生えてくることが実感できます。

親がいつまでも資産状況や遺産分割の方向性を示さないでいるから、示さぬままに心身がボケてしまうから、世の中に老老地獄問題（介護虐待、介護自殺、介護心中、介護殺人、相続争い、相続殺人など）と揶揄される厄介な問題が起きてしまうのでしょう。

《「生前承継のヒント」はこんなことです》

生前の資産承継は、結果的に親子間の信頼と絆を強めるものです。多くのシニアが望む、良好な親子関係を回復するための唯一の方法と言えるかもしれません。

こうすることで、子に媚びず気を遣わず、誰に負い目も引け目もない……。そんなクールな老後を実現できると思っています。

以下に、**理想的な生前資産承継のガイドライン**を紹介しておきます。

より詳しくお知りになりたい方は、NPO二十四の瞳のサイトにて「エイジングウィルのすすめ」参照のこと。

一、目的

①老後の良好な親子関係の維持　②子の役割の明確化と覚悟の促し

③緊急時の子の負担軽減　④有事の無駄な費用や税金の最小化

二、生前資産承継のステップ

①第一ステップ……親50才（第一子が成人）

●資産の棚卸し（負債も忘れずに）

●資産承継宣言

●併せて進言（人生観、死生観、結婚のリスク、双方の親の介護リスク、出産育児のリスク、共働きのリスク、男の人生リスク、女の人生リスク　等）

＊できたら子はひとりがいい、唯ひとりに愛とおカネを集中せよ　等の価値観

●資産承継案の作成

●エンディングのデザイン（認知症発症時の対応、療養場所、死に場所、告知、延命治療、葬儀、遺品処分のスタンス　等）

②第二ステップ……親60歳（第一子がマイホーム購入）

●資産承継手続（同意書取り交わし）

●漸次資産承継開始

＊毎年110万円の生前贈与

③第三ステップ……有事の場合（父母が要介護状態に、あるいは死去）

●子が同意書に則り実行。
＊子に承継した資産の中から毎月の生活費を受け取るイメージ

三、確保したい相談相手
社会福祉士、行政書士、外資系保険会社のフィナンシャルプランナー
（有事に医者や弁護士が必要になった場合には、彼らから紹介してもらう）

《すべては「はじめの一歩」からです》

私のオヤジギャグに「おカネはおっかねぇー」というのがあります。これは本当のことです。

大人になると、兄弟姉妹だって、子どものころのように仲が良いわけではありません。

親が亡くなるまでは、とても仲睦まじく見えた場合でも、おカネが絡むと一筋縄ではいかないようです。お互いの配偶者がさらに関係を複雑にします。

親が遺したわずかな預金を巡って、テレビドラマのような壮絶な罵り合いを展開する兄弟姉妹をいやというほど見てきました。

お子さんたちを愛しているのであれば、悪いことは言いません。元気なうちからエンディングを計画すべきです。誰に何を引き継ぐのか。早いうちから身辺整理し、澄みきった心で最期に臨みたいものです。これは親の責任ではないでしょうか。

やはり、早いうちに、おカネに対する執着から解放されるのがいいと思います。まずは手始めに、通帳、印鑑、生命保険や不動産関係の書類の在り処を子どもたちに教えておきましょう。

銀行のカードの暗証番号。これももう観念して、引き継ぐ子どもに教えておくべきでしょう。死んだり、ボケたりしてからでは遅いのです。

アナタが言い残しそびれてしまったら最後、子どもはそれを引き出すことができなくなっちゃうのですから。

親が死んだ後で子どもたちが手続きするのに、多大な時間と労力がかかるのです。

8 人に迷惑をかけない

人は歳を取るに連れて、どうしても動きが鈍くなってきます。これはもう仕方がない。でも、それを自覚して、さりげなく、周囲に迷惑がかからないように振る舞うシニアがいたとしたらどうでしょうか。

とてもかっこいいとは思いませんか？

年齢とは関係なく、公的な場所では、周囲の妨げにならないように意識できることはとても素敵なことです。これもエチケットですよね。

みなさんはどうですか？　いま、あなたの後ろあたりで、あなたの存在ゆえに立往生している誰かがいたりしませんか？

《「Who are you?（だあれ?）」から始まります》――

まず、他者に迷惑をかけないための基本中の基本中の基本。それは、「一体あなたはどこのだぁれ」ということです。

はっきり言って、人間いつどこでどうなるかはわかりません。高齢になればそれだけリスクも高くなります。外出時に万一のことがあったとき、運よく善意の道行く人が助けてくれたとしましょう。

その時、あなたが誰なのかがわからなかったとしたら、彼らに大変な面倒をかけることになってしまいます。なので、クールなアナタなら、以下について紙に書いてまとめて、お財布にでも入れておくようにしましょう。

これは今すぐに実行して欲しいことです。口を酸っぱくしてこう言っても、なんだかんだ忙しさにかまけて、実行する人は一割もいないからイヤになってしまいます。

ったく、もう！

【常に携帯しておきたいアナタの情報】
●氏名、フリガナ、住所、電話、生年月日
●緊急連絡先（氏名、続柄、電話番号）
●かかりつけ医（医療機関名、医師名、電話）
●マイ救急病院（医療機関名、かかったことのある診療科、医師名、電話）
●既往症

なお、マイ救急病院とは、何かあった場合に運んでもらいたい救急病院のことです。家系的に罹患する可能性が高い診療科あれば、その科目が充実している大規模病院を予め決めておきましょう。

あなたの親が脳梗塞になっているのであれば、あなたも脳梗塞を患う可能性が高いです。ならば元気なうちから脳外科を擁する病院をチェックしておきたいものです。

で、何でもいいから一度外来で診療を受けておく。そうすることでアナタのデータが残り、救急搬送の受け入れを拒否される確率が大幅に減るからです。

あと、医療機関名だけでは意味がありません。自分が診てもらった医者の名前は必須と思っておいてください。

《「加齢臭対策」はエチケットの基本ですよ》

人は加齢とともに臓器が疲弊することでニオイを放つようになります。とても言いにくいことではありますが、自分がクサい存在であることを自覚しましょう。こんなことは身内も言ってくれません。自覚のなかった人には感謝してもらいたいくらいです。

この問題は、クサい者同士で居たら気づかないから厄介なのです。若い人たちがいちばん気にしているのが、老人特有のニオイなのです。

特に男性の加齢臭は、タバコの煙と並ぶ凶器。もはや社会悪です。

香水、芳香剤、口臭除去剤……。これらを常用し、外出時も手放さないこと。これは人間関係における最低限のエチケットです。

ドラッグストアに行けばいくらでも加齢臭対策商品が並んでいます。たかだか数百円のことで、孫たちに毛嫌いされないようにご用心！

《きつい事を言います、「電車にだけは飛び込むな」》

電車に身投げするシニアが増えています。お願いですから、死んでまで迷惑をかけないでください。ここ数年は少しずつ減少傾向にありますが、日本では毎年、約3万人の人が自殺しています。

自殺は望ましくないことですが、人それぞれさまざまな事情もあるのでしょう。でも、やむを得ず自殺を選択する場合には、どうか他者に迷惑をかける方法だけは避けてください。

なかでも電車に飛び込むのは最悪です。数万人規模で迷惑がかかります。挙句は、遺族が電鉄会社からペナルティを請求されることもあります。

あと、「自殺を考えている」などと身近な人に相談するのもやめてください。相談されたほうが迷惑ですし、ストレスになります。

本気で自殺を考えるのであれば、誰にも言わず、ひっそりと誰にも迷惑が及ばないやり方を探してください。

本気で死ぬ気になれば、それくらい考えることはできるはずです。

あと、子どもに生命保険の死亡保険金を贈りたい場合、契約3年に満たない場合は徒労に終わります。要するに無駄死にです。

生命保険に入っている方は、死亡保険金が支払われないケースについて早速確認してみてください。

《「運転するな！」あなただけが例外ではありません》

高齢ドライバーや認知症ドライバーによる事故が頻発しています。なぜか、小学校の子どもを巻き込むことが多いのが不思議です。

JRの事故では、原因となった認知症高齢者の家族に損害賠償を求めたJR側が逆転敗訴しました。家族をはじめ、温情判決に胸をなでおろした方も多いと思います。

しかし、忘れてはならないのは、ここまで認知症が蔓延してくると、加害者が被害者になることもある…ということです。

そりゃあ、運悪く加害者になってしまった側は、認知症を理由に賠償責任を問われなければうれしいでしょう。

しかし、その人が被害者となったときに、「相手が認知症なのであればやむを得ない」と理性的に割り切れるものなのかどうか。私は難しいと思います。

こういうふうに考えると、考えるべきはリスクをできる限り減らすことです。認知症の兆しがあれば当然、そうでなくても、高齢になったら運転は控えるべきでしょう。

年齢とともに、どうしても咄嗟の判断力が落ちてきます。私などは50歳を迎えると同時にクルマを手放しました。

運転していて、集中力が緩慢になってくるのがわかったからです。

地方ではクルマがないと暮らしていけないという声も聞こえてきます。ならば、どうリスクを減らすのか。そこを考えなければなりません。

本音を言えば、65歳になったら自動的に免許証が失効となるような法整備をするのがよいと思っています。

でも、こういうことを言うと、必ず反対意見が出てきて時間を食うものです。その間にも認知症高齢者は増え、認知症高齢者ドライバーが引き起こす事故が増え、被害者が増えていくのです。

自己責任で今すぐできることは、やはり、「もう運転はやめよう」とクルマのキーをそっと置くことではないでしょうか。

《「リセット&リボーン」という考え方です》

人間というのは、生まれたばかりの赤ちゃんの時がいちばん可愛くて、歳をとるほどに嫌われていくものです。これは紛れもない事実です。

天真爛漫で純真無垢だった赤ちゃんが、おとなに育つ過程で人間界の穢れた環境に次第に毒されていきます。

歪んでいきます。家族や親戚や友人や同僚。ケンカ、いじめ、裏切り。無神経、無遠慮、無責任。見栄に打算に嫉妬に憎悪。

メディアから垂れ流される低俗で残忍で欺瞞に満ちた番組の数々。そんなネガティブの嵐に晒されて、誰からも愛された赤ちゃんが、ひねくれていじけて身勝手で気難しいおとなへと変貌するのです。

鏡の中の自分を見てください。どうですか？　そこに、気難しそうな老人がいませんか？　若い人たちが「あんな年寄りにだけはなりたくないよねぇ～」なんて言いそうな、かわいくない老人がいませんか？

さあ、天然果汁１００％の笑顔で微笑んでみてください。リセットしましょう。美しい若葉のころに。リボーン（再生）しましょう。あどけなかったピュアな季節に。何歳になろうと、ひとは気づいたときから変わることができるのです。人生のファイナルステージを円滑で悔いのないものにするためにも、まずは笑顔です。ネチネチと恨み言をこぼすのではなく、さわやかに、そして謙虚に、極力周囲に迷惑をかけぬよう心がけたいものです。

9 延命治療はしない

寿命が尽きるまで、人は死にません。交通事故に遭っても、重病に罹っても、寿命が尽きるまで、人は死にません。これは年齢に関係ありません。

生きている人はみな、明日の命の保証はありません。神のみぞ知る、です。そう考えると、心拍停止状態になってしまった人を人工呼吸器に縛りつけてまで生き永らえさせることは、どうにも釈然としません。

授かった寿命に従うのが、人間本来の生き方のように思います。

さて、あなたの死生観はどんな感じでしょうか……。

★自分の足で歩けなくなっても、なお、生き永らえたいですか？
★寝たきりになっても、なお、生き永らえたいですか？
★自分の口でモノが食べられなくなっても、なお、生き永らえたいですか？

★子どもの顔も名前もわからなくなったとしても、なお、生き永らえたいですか？
★介助なしでは排泄ができなくなったとしても、なお、生き永らえたいですか？

《「リビングウィル」のすすめです》

そこで、リビングウィル（生前の意志）です。クールな老後の極めつけが「ターミナルケア（終末期医療）」をどうするかという問題です。

自然の摂理や人間の尊厳を無視した延命治療については、元気なうちから方針を固めておかないととんでもないことになります。

昔で言うスパゲッティ、今ならパスタ。身体中を管で繋がれ、無理やり生かされるアレのことです。


もともと医者というのは、ハナから延命治療に疑問を持っていません。むしろごく当然のことと思っているようです。今でも、放っておいたらいつの間にか、点滴、酸素吸入器、人工呼吸器、尿管、心臓の状態を管理する管を挿入されてしまう場合があります。

患者の家族が、「何とか生き永らえさせて下さい」などと言おうものならば、「待ってました」ってなことになる。病院としては莫大な売上を計上することができるから大歓迎です。

でも、当の患者本人の苦痛たるや、想像を絶するものがあります。数時間おきに採血されて腫れ上がった左右の腕を見たら、家族だって後悔するのは時間の問題だと思います。おまけに、延命治療を選択した場合、最期の瞬間に患者とのお別れの時間は取れません。機械のゴーゴー言う音で話し声など全く聞こえないからです。

こういうことを踏まえて、自分が現場復帰できない状態だとわかった時にどうするか。今から延命治療へのスタンスを決めて家族に伝えておくことです。この、家族に伝えておくという点がとても重要です。

だって、いざその時になったら、アナタは意思表示できないのですから。

《日本医学の悪行「胃ろう（経管栄養）」を知ってますか》

さらにもうひとつ。延命治療の入口に位置するのが「胃ろう」です。脳外科手術の後などに、胃に穴を開けて管を通し、そこから強制的に栄養液を入れるものです。誤嚥性肺炎を防ぐのが目的ですが、実際には看護者や介護者の管理負担を軽くする目的で、ちょっとしたことで、すぐ胃ろうを造設されてしまう場合が多いです。

これ、現実です。

こんなことしているのは世界中で日本だけです。現時点でざっと50万人。この人たちのケアにかかる医療&介護費は、ひとり当たり年間600万円にもなります。

合計3兆円ですよ、3兆円。

よくあるのは、脚を骨折して入院しただけで、「ご家族の介護も大変ですから、この際、胃ろうにしちゃいますか」的なノリで持ちかけられたりする。

これで、患者は食物を自分の口で味わうことができなくなってしまうわけです。

肝心なのは、患者本人の意思を反映することです。

将来的に経口摂取が望めないとわかった時にどうするのか。人生最大の楽しみでもある「食べること」を失ってまで生きたいかどうか。

私であれば、例え死期が早まったとしても、こんな栄養補給は願い下げです。

しかし、実際に胃ろうにするかどうかを決めなければならない時、本人の決断力が既に失われていたとしたらどうでしょうか。こんなとき、家族は意外と、人目を気にして「とりあえずお願いします」などと言いがちです。

胃ろうを拒むことで、医者や看護師、更には知人たちに冷たいと思われはしないか等と体面を気にしてしまうようなところがあるものなのです。

だからこそ、家族には、元気なうちから自分の希望を明確に伝えておく必要があるのです。

《「衝撃の意識調査結果」がこれです》

私どもでは、今春、シニア100名に対して、介護問題の本質に迫る意識調査を行いました。過去3年以内の相談者を対象に、以下の3つの質問を電話でヒヤリングしたのです。

1　要介護状態に陥ったとしても生き永らえたいと思うか
2　独力で食事を摂れなくなったとしても生き永らえたいと思うか
3　独力で排泄ができなくなったとしても生き永らえたいと思うか

その結果は、**9割以上の人が「排泄介助はイヤ」。7割以上の人が「胃ろうはイヤ」**と回答しています。

やはり、「自力で排泄できること」と「自分で食べ物を咀嚼できること」が人間の尊厳さいごの砦であることが明らかになりました。

このことから、ひとつの仮説が浮かび上がってきます。つまり、「いま重篤な要介護状態にある人たちも、排泄介助を受けてまで生きながらえたいとは望んでいなかったのではないか」ということです。

一方、介護する側にとって最も辛いことのひとつが排泄であることを踏まえると、いまの日本は、介護する側も介護される側も望んでいない状態を維持していくためにものすごく大きな予算を組んでいる……。

そんな見方も成り立つのではないでしょうか。

医療の分野では、かつて医師の論理で当然のように行われてきた延命治療が、現在では医療を提供する側も利用する側も否定的に捉えるように変化してきた事実があります。

介護の問題も同様に、一人ひとりが**「要介護状態になったときに何を望み、何を望まないのか」を主体的に考えて方針を決めておく**べきで、政府も国民の意思をサポートするような国造りを検討する時期がもうそこまで来ているのかもしれません。

10 葬儀はしない

仏教では思い通りにならないことを『苦』と言います。

だから『生老病死』を四苦と言うのです。であればせめて、最後の最期に、自分の死に方くらいは自分で決めておきたいものです。

人生も後半戦に入ったら、逝き方を決めて、書いて、子どもたちに伝えておくことをお勧めします。

《「用心すべき葬儀屋の常套句」がこれです》

介護施設選びと並んでトラブルが絶えないのが葬儀です。

私どもがＮＰＯを発足した12年前と比べれば、葬儀業界もかなり健全になりましたが、それでもまだ、あいもかわらず、時代錯誤の商売をしている葬儀社があります。

「こんなはずじゃなかった…」と、後悔の言葉を口にする人がかなりいるのです。葬儀の世界は定価がないだけに注意しておきましょう。

●「大きな斎場でないと参列者に失礼ですよ」⇓で、少しでも大きな会場を勧める。
●「注文の祭壇が手配できません」⇓で、値の張る祭壇を勧める。
●「ある程度の葬儀にしないと仏様がかわいそう」⇓で、高いコースを勧める。
●「いまどきそんな人はいない」⇓で、少しでもおカネを使わせようとする。
●「本当によろしいんですか」⇓で、ワンランク上のものに変更を迫る
●「今は泣いている場合じゃありませんよ。仏様のために、まだまだやることがたくさんあるのですから。私どもも精一杯お手伝いさせていただきます」⇓で、契約を迫る。

これらはぜぇんぶ、大切な家族を失ったばかりで動揺し憔悴している遺族をマインドコントロールするための決まり文句です。

ぼったくられないために、以下のことを強く意識するようにしましょう。

1　『葬儀費用の平均200万円』にだまされない
2　病院指定業者の言いなりにならない
3　打合せには必ず複数で臨む
4　予算を事前に明確にする
5　見積りを必ず取り、不明点は徹底的に質問する
6　『葬儀一式』ではなく、『葬儀一切合財でいくらか』を確認する
7　市民葬の値段を予め調べておく　*都市部でも50万円は超えない
8　自社で斎場を保有する業者は敬遠する
9　お寺の紹介料、お布施の立替、通夜ぶるまい、精進落し、生花、返礼品、心づけ等は特に注意する
10　『葬儀は自宅でやることも検討したい』と言ってみる

《「病院指定葬儀社はとにかく高い」と知っておきましょう》

病院というところは、患者が死亡してしまうと、何の商売にもなりません。ですから、

次の患者さんを受け入れる体制を整えておくために、1分1秒でも早くベッドをあけてもらいたいのです。

そのため、多くの病院では葬儀社と提携していて、大規模病院であれば、葬儀社の社員が交代で病院に常駐しています。

白衣を着ているので、多くの遺族は「親切で頼りになる職員さんねぇ」などと麗しい誤解をしてしまうのですが、彼らは病院の職員ではありません。

病室や霊安室で白い手袋をしているのは99%の確率で葬儀屋です。

誤解しないでほしいのは、病院は葬儀のための葬儀社を紹介しているのではなく、自宅等までの搬送業者を案内しているだけということ。つまり、遺族が他の葬儀社に依頼することは何ら問題ないということです。

ここを誤ると、病院に出入りしている葬儀社にいいようにされてしまいます。

「病院指定葬儀社」等と看板や名刺に入れることで箔がついて、費用的にかなり高くなることが多いのです。

病院で亡くなられた時点で、搬送業者でしかない「病院指定葬儀社」には明確に伝えるべきです。「故人が生前に予約してある葬儀屋さんがありますので、申し訳ありませんが、遺体の搬送だけお願いします」と。

でないと、なし崩し的に費用が嵩んでいく危険があります。軽く200万円くらいになってしまうので気をつけましょう。

病院指定葬儀社には遺体の搬送のみ頼むようにすべきというのが、私どもの基本的な考えです。

なので、そろそろかな……と感じたら、複数の葬儀社から見積書を取得して、比較検討した上でお願いする葬儀社を仮予約しておくことをお薦めします。

《「互助会には入らない」ことです》

「互助会に入会したのですが…」という相談は、毎年数件、必ず寄せられます。私としては、互助会というシステムがきらいです。信用していません。

にもかかわらず、ご高齢の方を中心に、大勢のひとが毎月毎月、積み立てをされているのに驚きます。

互助会が提供する葬儀には、いくつかのコースが設定されています。で、例えば、一般価格200万円の葬儀セット内容を、会員であれば会員価格の150万円にディスカウントしますよ……という感じです。

でもこれは、あくまでも葬儀一式の値段であって、いざ実際の葬儀となれば、この内容だけでは葬儀を執り行うことはできないのです。

「葬儀一式」に含まれるのは、祭壇・棺・火葬料・役所や火葬の手続き代行のみという葬儀社が一般的です。別途、料理、生花、ハイヤー、マイクロバス、テント、返礼品、お布施などが費用として発生するわけです。

大体、これらのオプションは、パンフレットの欄外に小さく記載されています。追加分だけで、少なく見積もっても葬儀セットの倍はかかります。

冒頭の例で言えば、パンフレットに記載されている葬儀セットは、一般価格200万円のところを会員価格150 万円で賄えると想定していたのに、実際の請求額は、オプションが上乗せされて300万円とかに跳ね上がってしまうわけです。

仮に互助会の事務所にクレームをしたとしても、必ず「会員の誤解。パンフに書いてあるも～ん」と返ってきます。しかし、こういうのを「立派な詐欺」というのではないでしょうか。契約時点で、なんの説明もしてくれていないのですからね。

互助会葬儀業者は「経済産業省認可」というフレーズで人の良いシニアを信用させて集客し、安心感を与え、前払いでおカネを集めているわけで、悪質と言わざるを得ません。

葬儀ビジネスというのは、祭壇から生花まで使いまわしで、原価などあったものじゃない世界です。会員価格にしたって、なんの割引にもなっていないも同然。

互助会に入会するメリットなどどこにもありません。

葬儀に際しては、必ず「葬儀の一切合財でいくらになるのか。明細がわかるように見積書をお願いします」と伝えて、複数の葬儀業者から事前に見積書を入手するようにしましょう。

ぼったくりに遭わないようにするには、まずはご自身の意識を変えることです。

このことはしっかりと肝に銘じておいてください。

《「直葬」が増えています。ご存知ですか》

葬儀費用を抑えたいなら直葬がベストです。

法的に言うと、葬儀で必要不可欠なのは「死亡届の提出」だけです。これ以外のものは、すべて任意です。

死亡届は、届け出義務者が、死亡の事実を知った日から7日以内に、死亡年月日時分と死亡場所を記載。死亡診断書を添付して、役所の戸籍課に提出しなければなりません。

これによって故人が戸籍から抹消され、火葬許可書をもらえることになります。

全国の葬儀費用の平均は、概ね200万円です。しかし、核家族が加速し、価値観も変わり、ここ数年で、費用を極力抑えようとするケースが急増しました。

生前に、その旨を家族に伝える人も多いようです。

「家族のみ&通夜のみ」の家族葬はもとより、お通夜さえも行わない『直葬』は、特に現代人のニーズを反映しているようです。言い換えれば、葬儀の中の「儀式的な部分」を一切排除し、火葬するだけに絞ったもの。それが直葬です。

家族の死亡が確認されたら、あらかじめ決めておいた葬儀社に連絡し、病院もしくは自宅に遺体を引き取りに来てもらいます。葬儀社で死亡後24時間安置してもらってから、翌日、火葬場へ運んでもらいます。

納棺・出棺には立ち会わなくてもＯＫです。

家族が遠方に住んでいる場合でも、葬儀社に電話一本かけるだけで済むのです。で、火葬終了後の適当なタイミングでお骨を受け取りに行けばいいわけです。

こんな具合ですから、とても簡単です。金額的には20万円前後。悪質葬儀屋が言う相場とやらの1／10です。

このように、葬儀を合理的済ませようという風潮が進んできています。いろいろな事情で、葬儀におカネをかけられない場合、こうした選択肢があることを情報として持っておくことは役に立つと思います。

「老後の十戒」、いかがでしたか？

読者のみなさんの、ご自分らしい納得感のある「シニアライフ」のお役に立てれば幸いです。

さて、第一章の総括として、私からひとつ提案をさせていただきます。これは、最後のさいごまで自分の人生の主役でいるために取り組むべきはじめの一歩になるはずです。

書店の終活コーナーには多くのエンディングノートが並んでいますが、購入者の殆どがはじめの数頁に手をつけただけで頓挫してしまいそうです。その理由は、そもそも積極的には考えたくないテーマであることに加え、高齢者が独力で未来をイメージしたり、想いを文章にまとめたりすることが容易ではないことがあげられています。

ＮＰＯ市民のための医療と福祉の情報公開を推進する会では、想定される老後の８大課題（ＱＯＬ、がん、延命治療、要介護、認知症、終の住処、資産承継、葬儀）について専門家が２時間をかけてヒヤリングして、みなさんの要望や基本的な考え方を『エイジングウィル（信託遺書）』としてまとめるサービスを行っています。

もちろん、その延長線上で、セカンドオピニオン、リビングウィル、病院・施設さがし、任意後見契約、贈与・遺言・家族信託等の具体的な手続きや段取りにも対応させていただきます。

エイジングウィルをひとことで言えば、エンディングまでに対峙する可能性が高い8つの課題について、元気なうちから親世代の願いと子ども世代に託したいことをまとめておく作業です。その内容を『家族サミット（家族会議）』で子ども世代に真摯に伝え、親子間で共有しておくことで、親世代の想いが確実に遂行されるように準備しておく…。そんな「転ばぬ先の折れない杖」です。

ご利用いただいたみなさんからは、「足元を盤石にしておけばこそ老いに向き合う覚悟が決まるし、旅行や趣味や友人との楽しい時間を満喫でき、人生のファイナルステージを前向きに過ごすことができる」との声が寄せられています。

エイジングウィルおよび家族サミットを通じて、子ども世代が成長していく過程で、もしかしたら離れてしまったかもしれない親子間の心理的距離を縮める作業は、円滑なエンディングを実現する上でとても重要なことです。

この共同作業により親子の絆は深まり、子ども世代には親世代のエンディングをサポートする覚悟がさだまります。親世代は、万一のことがあっても、最後のさいごまで自身の意思が反映された人生を全うすることができる確率が高くなります。

エンディングに係るご自身の考えを整理して明文化して身近な人に伝えておくことは、親世代が元気なうちにこそ行われるべきものです。これは子ども世代への配慮であり、親世代さいごの大仕事と言ってもいいでしょう。

仮に頭のなかではさまざまな青写真を描いていたとしても、それを家族が共有していなければ絵に描いた餅となります。それどころか、親の想いを明確に伝えることなく意思表示できなくなってしまえば、配偶者や子どもたちが判断に迷いストレスを抱えることになるのですからね。結局、私たちはひとりでは死ねないということです。

エイジングウィルおよび家族サミットを通じて親子間の心理的距離が縮まることで、子ども世代にはエンディングをサポートする覚悟がさだまります。そして親世代は、万一のことがあっても、最後のさいごまで自身の意思が反映された人生を全うすることができる確率が高くなります。

これは、ＮＰＯ市民のための医療と福祉の情報公開を推進する会が12年間の活動を経て行きついたシニア援助のノウハウであり、これこそが本当の意味での終活に他なりません。配偶者や子どもたちを頼りすぎず、自分の往く道は自分の責任で決めて、自分の人生を生きていく。そんな自律したクールな老後を歩んでいきたいものです。

エイジングウィルおよび家族サミットにご興味ある方は、どうぞお気軽にご一報ください。

第二章

パート1

N（認知症・ボケ）の本当の悲劇

★一杯のかけそば…の話とは（アレンジ版）

【第一幕】


舞台は昭和30年代。北国のとある街。

オシドリ夫婦が切り盛りする蕎麦屋『大正庵』での話。

蕎麦屋にとって一番のかきいれどきは大晦日。

大正庵もこの日ばかりはてんてこ舞いの大忙し。

ようやく客が引いたとき、時計の針は夜の10時を回っていた。

人はいいのだが不愛想な主人に代わって、女将は頃合いを見計らい、労をねぎらいながら、大入り袋と土産の蕎麦を持たせ、従業員を送り出す。


最後の客が帰ったところで、そろそろ暖簾を下げようかと話していたとき、ガラガラガラ～っと、力なく入口の扉が開いた。

そこには、二人の子供を連れた女性が立っていた。

小学生らしい二人の男の子は真新しいおそろいのジャージ。

女性は、季節外れのチェックの半コートを身に着けている。

「いらっしゃいませ！」

「あのう。かけそばを一杯だけなのですが…、よろしいでしょうか？」

後ろでは二人の子どもが不安げに見上げている。

「えっ？　ええ。どうぞ、どうぞ。さぁ、こちらへ」

ストーブに近い2番テーブルに案内するや、女将はカウンターに向かって
「かけ、一丁！」。

受けた主人は、3人にチラリと目をやりながら、

「あいよ。かけ一丁」。

玉蕎麦1個と、さらに半個を加えて茹であげる。

客と妻に悟られぬよう、大盛の分量の蕎麦が茹であがる。

テーブルに出された一杯のかけそばを囲んで、
額を寄せ合って食べている3人の会話が聞こえてくる。

「おいしいね」と兄。

「お母さんもお食べよ」と、一本の蕎麦をつまんで母の口に持っていく弟。

やがて食べ終え、代金の120円を支払い、

「ごちそうさまでした」と頭を下げて出ていく母子3人。

その背中に、声を合わせる主人と女将。

「ありがとうございました。どうかよいお年を！」


【第二幕】


1年後。猫の手も借りたいような一日が終わり、店を閉めようとしていた時、ガラガラガラ〜っと扉が開き、二人の男の子を連れた女性が入ってきた。

そのチェックの半コートを見て、女将は去年の大晦日を思い出した。

「あのう。かけそばを一杯だけなのですが…よろしいでしょうか？」

「いらっしゃいませ！さあ。どうぞ、どうぞ」

女将は、去年と同じ2番テーブルに案内しながら「かけ、一丁！」。

「あいよ。かけ一丁」と答えながら、主人は消したばかりのコンロに火を入れる。

「ねぇねぇ、お前さん。サービスということでさぁ、3人前、出してあげようよ」

そっと耳打ちする女将。

「んんん。ダメだ、ダメだ。そんなことしたら、かえって気を遣うべ」。

そう言いながら、玉蕎麦1個半を茹でる主人を見て、女将が微笑む。

「お前さん、仏頂面してるけど…、いいとこあるねぇ」。

相変わらず、黙々と茹であげる主人。

テーブルの上の一杯のかけそばを囲んだ母子の会話が聞こえてくる。

「おいしいね」

「今年も、大正庵のおそばを食べられたね」

「来年も食べられたらいいね」

食べ終えて、120円を支払い出ていく3人を、主人と女将は、その日、何百回と繰り返した言葉で送り出す。

「ありがとうございました。どうかよいお年を！」


【第三幕】


さらに一年後。大正庵の主人と女将は、互いに口にこそ出さないが、9時半を過ぎたころからそわそわと落ち着かない。

10時前に従業員を帰した主人は、壁に掛ったメニュー札を次々と裏返していく。

その年の夏に値上げして「かけそば150円」と書かれたメニュー札が120円に早変わり。2番テーブルの上には、30分も前から「予約席」の木札。

そして10時半。

店内の客足が途切れるのを待っていたように、母子3人が入ってきた。

兄は中学の制服。弟は去年まで兄が着ていた大きめのジャージ。

二人とも見違えるほどの成長だったが、母親は色褪せたあのチェックの半コートのままだった。

「いらっしゃいませ！」。笑顔の女将に母親がおずおずと言った。

「あのう。かけそばを2人前なのですが、よろしいでしょうか」

「えっ？　ええ。どうぞ、どうぞ。さあ、こちらへ」

2番テーブルに案内しながら、そこにあった「予約席」の木札を何気なく隠す。

「2番テーブル、かけ2丁！」

「あいよ。かけ2丁！」

主人は玉蕎麦3個を湯の中に放り込む。

2杯のかけそばを互いに食べあう3人。明るい笑い声が聞こえ、会話も弾んでいる。

カウンターの向こう側で視線を交わしながら、思わず微笑む女将。

うんうんと頷く主人。

「お兄ちゃん、純ちゃん。今日はね、二人にお母さんからお礼を言いたいの」

「ええっ？　お礼って…どうしたの？」

「実はね、死んだお父さんが起こした事故で8人もの人に怪我をさせて迷惑をかけてしまったんだけど、保険だけでは足りなくて、毎月5万円ずつ払い続けてきたの」

「うん。知ってたよ」

身動きせず、じっと聞き入る主人と女将。

「それがね、実は今日、ぜんぶ支払いを済ませることができたのよ」

「え～っ、本当？　おかあさん！」

「本当よ。お兄ちゃんは新聞配達をしてがんばってくれているし、純ちゃんは買い物や食事の支度をして助けてくれたでしょ。そのおかげで、お母さんは安心して働くことができたのよ。

それで今日ね。よくがんばったからって、会社の社長さんが、特別のお手当てをくれたの。それで、支払いをぜんぶ済ませることができたのよ」

「やった～！　よかったね、お母さん」

「お兄ちゃん、純ちゃん。本当にありがとう」

「でもお母さん。これからも夕飯の支度は僕がするよ」

「僕だって、新聞配達は続けるから。純、がんばろうな！」

「ふたりともありがとう。お母さん、本当にうれしいわ」

顔を見合わせて頷く主人と女将。

「あのね、おかあさん。今だから言うんだけど…。純と僕、おかあさんに内緒にしてたことがあるんだ」

「なぁに、お兄ちゃん。聞かせてちょうだい」

「うん。11月に、純の授業参観の手紙が学校から来たでしょ？　あの時、実はもう一通、純は先生から手紙を預かってきてたんだ。純の書いた作文が県のコンクールで代表に選ばれて、全国大会に出品されることになったんだ」

「それで、参観日に、純にその作文を読んでもらうから、是非お母さん、来てくださいって…。その手紙を見せたら、お母さん、無理して会社を休むと思って…、純、それを隠したんだ。僕、純の友だちからそれを聞いたものだから、お母さんの代わりに、僕が参観日に行ったんだよ…」

「そうだったの…。それで?」

「先生がね、こう言うんだ。『将来の夢』という作文を書いてもらったところ、純くんが『一杯のかけそば』という題で書いてくれました。これから、それを読んでもらおうと思います。

僕、それを聞いた途端、あっ! 大正庵のことだってわかったから、純のヤツ、なんでそんな恥ずかしいことを書くんだって心のなかで思ったんだ。

作文はね、お父さんが交通事故で死んじゃって、たくさん借金が残ったこと。お母さんが朝早くから夜遅くまで働いていること。僕が朝夕に新聞配達をしていること。

大晦日に3人で食べたかけそばがすごく美味しかったこと。ぜんぶ書いてあった。

3人でたった一杯しか頼まないのに、お蕎麦屋のおじさんもおばさんも、にこにこしながら『ありがとうございました。良いお年を』って大きな声をかけてくれたこと。

その声が、純には、『負けるなよ。がんばれよ。生きるんだぞ』って励ましてくれているように聞こえたって。

だから純は、大きくなったら、お客さんに『がんばって！　しあわせにね！』って思いを込めて『ありがとうございました』って言えるような日本一のお蕎麦屋さんになりますって…大きな声で読んだんだ」


カウンター越しに聞き耳を立てていたはずの主人と女将の姿が見えない。

しゃがみこんだ二人は、一本の布巾の端を互いに引っ張りあうようにしながら、堪えきれずに溢れ出る涙を拭っている。


「作文を読み終えたとき、先生が、お母さんの代わりにお兄さんが来てくださっています。ひとこと、挨拶をしていただきましょうって」。

「まあ。それで、お兄ちゃん、どうしたの？」

「突然だったから、はじめは言葉が出なかったんだけど…。

『みなさん、いつも純と仲良くしてくれてありがとうございます。弟は毎日、夕飯の支度をしています。ですから、クラブ活動も途中で抜けてしまうことが多いので、迷惑をかけていると思います。申し訳ありません』」

「『いま、弟が作文を読み始めたとき、正直、僕は恥ずかしいと思いました。でも、胸を張って、大きな声で読みあげている弟を見ているうちに、一杯のかけそばを恥ずかしいと思う、僕の心のほうがよほど恥ずかしいことだと気づきました』。

『あの時、一杯のかけそばを頼んでくれた母の勇気を忘れてはいけないと思いました。兄弟ちからを合わせて母を守っていきます。これからも純と仲良くしてやってください。よろしくお願いします』、そう言ったんだ」。

時に笑い転げて肩を叩きあったり、互いに手を取りあったり、昨年までとは打って変わって楽しげな3人。240円を払って深々と頭を下げて出ていく3人を、主人と女将は、一年を締めくくる大きな声で送り出す。

「毎度ありがとうございます。どうか…。どうか良いお年を！」

【第四幕】

また一年が過ぎて、大正庵では「予約席」の木札を2番テーブルの上に置いて待ちに待っていたが、あの母子3人は現れなかった。

次の年も、さらに次の年も、2番テーブルは同じだった。やがて、商売繁盛の中、店内改装をした大正庵だったが、あの2番テーブルだけはそのまま残すことにした。

真新しいテーブルが並ぶ中、一脚だけ古いテーブルが置かれている。不思議がる客たちに、主人と女将は「一杯のかけそば」のことを話すのだった。

「このテーブルを見ては、自分たちの励みにしている。いつの日か、あの3人が来て下さるかもしれない。その時は、どうしても、この2番テーブルで迎えたいのです」。

この話は『幸せの2番テーブル』として、客から客へ口コミで伝わり、わざわざ遠くから訪ねてくる女学生やカップルでなかなかの人気を呼んでいた。


【第五幕】


それからさらに歳月が流れた大晦日の夜のこと。

気の置けない商店街の仲間たちが、店じまいを終えて集ってくる。大正庵で年越しそばを食べた後、除夜の鐘をききながら家族ぐるみで近くの神社へ初詣に行くのが3年ほど前から恒例となっていた。

みんながみんな『幸せの2番テーブル』の由来を知ってはいるが、おそらく今年もまた空いたまま新年を迎えるであろうと、互いに口にこそ出さず、一年のあれやこれやを楽しく振り返るのだった。

と、そのときだ。入口の戸がガラガラと開いた。全員の視線が入口に向けられ、そして押し黙る。

誰もが女将から聞いていた薄手のチェックの半コートと幼い二人の男の子を想像したが…。入ってきたのは、スーツを着てコートを手にした二人の青年だった。

ホッとしたため息が漏れ、店内に賑やかさが戻ってくる。

女将が申し訳なさそうな顔で「あいにく、満員なものですから」と言いかけたその時、和服姿の婦人が深々と頭を下げながら入ってきて、二人の青年の間に立った。

店内すべての者が息をのんで聞き耳を立てる。

「あのう。かけそばを3人前、お願いできますでしょうか？」

女将の顔が一変。

長き歳月を遡り、あの日あの時の若い母親と幼い二人の姿が、目の前の3人とピタリと重なった。カウンターの奥から目を見開き、にらみつけるかのようにこちらを見ている主人と、いま入ってきた3人を交互に指さしながら、

「あの、あの、お前さん」とおろおろしている女将に、青年の一人が口を開いた。

「私たちは、10数年前の大晦日の夜、親子3人で一杯のかけそばを注文したものです。あのときの一杯のかけそばに励まされて、3人手を取り合って生き抜くことができました。

その後、母の実家がある岐阜へ越しました。私は銀行員となり名古屋に勤めておりますが、来春より、こちらの支店に転勤することが決まりました。その挨拶と父への墓前報告を兼ねてこちらに参りました。それで、今回の出張にあたって、お蕎麦屋さんにはなりませんでしたが、名古屋で電気メーカーに勤

める弟と相談しまして、これまでの人生の中で最高の贅沢を計画したのです。

それが、大晦日の夜に母と3人で大正庵さんをたずね、3人前のかけそばを頼むことだったんです」。

うなずきながら聞いていた主人と女将の目からどっと涙が溢れ出る。入口近くのテーブルに陣取っていた八百屋の大将が、ゴクンとそばを飲み込んで立ち上がる。

「おいおい、女将さん。何ボーッとしてんだよ、まったく。この日のために用意して、待ちに待った予約席じゃないか。ご案内だよ、ご案内！」

八百屋にポッと叩かれ、気を取り直した女将が涙を拭いながら堰を切る。

「いらっしゃいませ！　ようこそ、おいでくださいました。さぁ、どうぞ。こちらへどうぞ。お前さん、2番テーブルかけ3丁！」

仏頂面を涙で濡らした主人もそれに呼応する。

「あいよっ。かけ3丁」

期せずしてあがる歓声と拍手。

賑わいを取り戻した店内は、やがて来る年の明るい予感に満ち満ちている。

店の外では、先ほどまでちらついていた雪も止み、新雪にはねかえった窓明かりが大正庵の暖簾を照らし出す…。

★一杯のかけそば…の、その後（オリジナル版）

【第一幕】

この物語からさらに二十数年後。

70半ばの母親は仕事をとうに辞め、次男家族との同居生活に入っていた。

長男が転勤がちなため、家族会議の結果こうなったのだ。真面目で人柄の良い次男に惹かれた妻も同居に同意せざるをえなかった。

（椅子に座っている母にお茶を出す次男嫁の恵子）

母　：恵子さんや、こんな年寄りと一緒に住んでもらって悪いねぇ…。あなたには迷惑をたくさんかけてしまったね。

恵子：いえ、そんなことないですよ‼　お義母さん、気にしすぎですよ。嫁として未熟な私に、お義母さんはいつもいろいろと気にかけてくださって、とてもありがたいと思っているんですから。いつも温かい目で見守ってくださって、ありがとうございます。

（次男・純が仕事から帰ってくる）

純　：ただいまー！　おっ、二人でお茶してたんだ。二人が仲良くって僕も嬉しいよ。おかげでいつも安心して仕事できるってもんだ。

母　：純、恵子さんは本当によくできた優しい人だねぇ。いつも感謝しているよ。今まで苦労してきたけれど、こうして長生きできて良かった。もういつ死んでもいいのよ。うぐぐっ（涙）。

恵子：お義母さん、そんな…。

純　：何言ってんだよ、おふくろ！　もっと長生きしてくれないと困るよ。今までお袋は、兄貴と俺のために大変な思いをしてきたんだからさ。これからは自分のために、もっともっと自由に生きてほしいと思ってるよ。本当の親孝行はこれからだから。そのためにも、仕事もっともっと頑張るからさ！

母　：すまないねぇ…。純、立派に育ってくれてお母さんは本当に嬉しいよ。ありがとう、ありがとう。

（手に手を取り合う母と純）

恵子：あ、そろそろ夕飯の支度をしてきますね！

（そっと部屋を出る恵子。楽しそうな二人の笑い声を壁越しに聞きながらため息ひとつ…）

過去につらい時間をともに過ごしともに乗り越えた母と息子の間には、第三者がたやすく入り込めないようなムードがある。

理屈としては理解しているつもりの恵子だったが、いかんせん、同じ記憶を持たない恵子にとっては皮膚感覚でその思いを共有することができずにいた。
目の前で展開される義母と夫純の親子愛は、ときに夫のマザコン気質からくるものではないかと思えてしまうことさえあった。

【第二幕】

さらに数年が経過。

純　：ただいま〜。
恵子：おかえりなさい。今日も随分と遅かったんですね。
純　：う〜ん、ここんとこ会社でいろいろと問題があってね。その対応で残業続きで嫌になっちゃうよ。昼休みだって休憩している暇もなくって倒れそうだよ、まったく。
（純のジャケットを脱がせてあげる恵子）
恵子：大変なんですね、あなた…。直美のことなんだけど、大学受験まで1年を切ったっていうのに遊んでばっかりで全然勉強してないのよ。健太は、就職活動がうまくいってないみたいで部屋に閉じこもっちゃってるし…どうしたらいいかしら。
純　：まぁ、思春期はいろいろあるもんだ。子どものことは君に任せているから。よろしく頼むよ。それより、飯はいいや。風呂入ってすぐ寝るから。

恵子‥…はい。わかりました。

（服をその場で脱ぎ捨て風呂に向かう夫を見ながら、ため息をつく恵子）

夫に不満はない。やさしいし仕事熱心だし、それが認められて昇進も早かった。ローンではあるけれど好立地に戸建て住宅も手に入れた。

義兄夫婦との話し合いで義母を預かることを決めたときだって、申し訳なさそうな義兄夫婦を制して、恵子はみずから「任せてください」と申し出たのだった。

しかし…。義母との同居生活がこんなにも長期間におよぶとは考えていなかった。完全無欠な義母の存在は知らず知らずのうちにプレッシャーとストレスを生み、二人の子どもたちも成長するにつれて扱いがむずかしくなる。

相談しようにも、夫はいつも忙しく、恵子の話に耳を傾けてくれるだけのゆとりもない。いつしか恵子は孤立感を深めていくのだった。


【第三幕】

義母はついに80歳となった。

子どもたちはすでに巣立ち、義母と夫婦二人だけの生活となった。同居生活は当初の予測を大きく上回り、20年になろうとしている。

母　：恵子さん、恵子さんや～‼　ちょっと、早くこっちに来て‼
恵子：はいはい、お義母さん、何でしょう。もう夜中の二時ですよ。
母　：大変だよ、大変なんだよ！　泥棒が入ったみたい。通帳とか印鑑とか、みんなやられちゃったみたいなんだよぉ！　ああ、どうしよう。助けておくれよ！
恵子：お義母さん、落ち着いて。通帳は昨日、タンスの中に隠したって言ってたでしょう。なん度も言うようですけど、泥棒なんて入ってないですよ。大丈夫ですよ。
母　：いいえ‼　絶対泥棒よ‼　部屋の中のいろんなものが、私が置いたのと違う場所にあるんだから。ま～どうしましょう‼　ああ、もうおしまいだよ～っ！
恵子：お義母さん、落ち着いてください。一緒に探せばきっと見つかりますから！
母　：いいや。とにかく警察に電話しておくれ。一刻も早く何とかしなくちゃ。
恵子：もう、お母さん。わかってくださいよぉ。
（純が帰ってくる）
純　：何だ、騒がしいなぁ。どうしたんだよ⁈
恵子：あなた。またお義母さんが…。
母　：きゃあああああ‼（純を指さして）知らない男がいる。こいつだ！　こいつが泥棒にちがいないよ‼　恵子さん、早く警察を呼んで‼
純　：はぁ～。今度は実の息子を泥棒にするのかよ。全く…滅入るぜ。

母　：お前だな。通帳と印鑑、持ってっただろ！

純　：ああ～っ！　もう、いい加減にしてくれよっ！

（部屋を出ていく純）

恵子：お義母さん、落ち着いてください。もう横になりましょう。

純にはしっかり者だった時の母のイメージしかなく、現実を受け止められないでいる。

加えて、会社が粉飾決算で社会問題となってしまい、リストラの嵐の中で早期退職を上司から迫られてもいる。母親や子どもたちのことを何とかしたいという気持ちはあるものの、現実問題として今は自分の仕事の先行きで精一杯なのだ。

一方の恵子は相談できる相手もおらず孤立していくばかり。孤独に耐える日々だった。

（どうにか義母をなだめて寝かしつけ、恵子は廊下にへたり込む）

恵子：はぁはぁ…どうしてこんなことに…（限界はもうすぐそこまで来ている）

お義母さんはあんなだし、旦那は全然力を貸してくれないし。

私は乳がん検診でひっかかっちゃって再検査に行かなきゃいけないのに、お母さんは火の始末が覚束ないから出かけることもできない…。

私の人生、こうして終わるのかしら。

★ボケ登場。ここからはボケ（N・認知症）の話だす

読者のみなさん、ごきげんよう。「わて（私）、ボケだす」。

惚け茄子《ボケナス》じゃあ〜りませんよ〜。まぁ「ボケ」っちゅうのはニックネームですわ。

専門用語では「認知症」です、ニンニン、「N」です。

本名を「アミロイドベータたんぱく」と申します〜っ。


簡単に言うとな、要は、脳のゴミや。脳が活動したときに生まれる老廃物なんや。

普通の人はな、そもそも生まれつき、わてを排出する機能があるんや。

でもな。歳を取るといろんな事情が重なってくるんや。

で、アミベーを排出するパワーが落ちるさかい認知症なってしもうねん。このへんの事情はおいおい話すとしてや。

●平均寿命だけでなくボケ（N：認知症）も世界一流

それにしても、ニッポンは平均寿命が世界一らしい。でもさ、認知症の数も一等賞らしいでよぉ。

ボケを可愛がっていただいて、感謝感激大感動でございます、はいっ。

〝マイルド認知〟まで入れたら1000万人を越える日もそう遠くはないずらよ。

ニュース見てても多いですわなぁ。

認知症なのに、運転して通学中の児童の列に突っ込んだり、コンビニや病院に突っ込んだり、自分の孫を引き殺したり、踏み切りに突っ込んだり。

身近なとこじゃ、奇声をあげたり、暴言をはいたり、介護してくれてる人に暴力を振るったり、排泄物で遊んだあげくに食べちゃったり、家族を泥棒呼ばわりしたり。

ご近所の家に上がり込んじゃったり、嫁や孫娘に抱きついてセクハラ行為しちゃったり。

認知症と呼べば、アカデミックな感があるけど、ま、早い話が痴呆だわ。白痴の「痴」に阿呆の「呆」と書いて痴呆！　要は、放送禁止用語でいう、き○が○。

正気を失った状態、普通じゃないわな。身内がこないなったら、家族は大変やわな。ほんでもってな。こういう普通じゃない問題行動を引き起こす原因、真犯人…。

それが、アミロイドベータたんぱく、略してアミベーなんや。

●NGコンビの時代到来！

いずれにしても、これからは、わての時代だすな。

認知症とがん。〝NGコンビ〟と誰かが言ってましたがな。

現代の医学じゃあ太刀打ちできませんのや。認知症とか、がんとかにかかったらな、もう諦めるしかないんやで〜。だからNGなんや！

ニッポン人の2人に1人が、がんになるって、後で「がん細胞」からも話があるはずやけど、わても負けてられませんわ。10人に1人がボケる時代とか言われて喜んでる場合やありまへん。みなさんにも、もっともっとボケてもらわなあかん。

わてアミベーが、みなさんが怖れてらっしゃる認知症の正体なんや。

「ア・ミ・ベ・ー」。親しみやすい名前でっしゃろ？　覚えて帰っておくんなさい。

ボケてなければね。

わてから、みなさんに一日もはよう、ボケていただくために、お願いを3つお話しします〜。よう聴いて帰ってくださいよ〜。

でも、その前に入門編。

人間みな、歳をとるとカラダがキツうなる。けどな。カラダのなかの臓器やら血管やらも、同じようにへばってくるんや。

なかなか目に見えんさかい、いつまでも若い頃と変わらんように思っとるけどな。内側のことも理解せなあかんでぇ。

基本中の基本っちゅうことで、歳をとるということが、どげんなことなのか。やさしゅう教えてやるでよぉ。きばって勉強せぇよ〜。

●年寄りの3大特徴

ほな、とりあえずや。年寄り特有の諸事情っちゅうやつから始めまひょか。

ええでっか。3つ言いまっせ。

まず1つ目は、

歳をとるとカラダのなかの水分が減ってしまうんや。みなさんも、どうでっか？　口が渇きやすうなっておまへんか。

若いうちは、水分と細胞の比率がな、7：3なんや。地球儀と同じやな。海と陸の比率も7：3や。

でもな。歳をとると、この比率が逆転すんのや。そやさかい、年寄りはしなびてるやん。よく、梅干しやら乾いた雑巾やらに例えられるやろ。とにもかくにも、年寄りのカラダは砂漠みたいなもんや…。

若い娘はみずみずしいけどな。これが歳をとるっちゅうことなんや。

でな。ソリの合わない者同士のことを「水と油」というやんか。どないしようと、水と油は混じらないからな。

そこへもってきて、年寄りはクスリが好きや。来る日も来る日も、ぎょうさんのカプセルを飲みまっせ。あのクスリな。とどのつまりは油や。

みずみずしいカラダのなかには、油は長いことよう居られんのや。排出されて出ていくしかないんや。ところが水気のない砂漠状態のカラダのなかは油がそのまま居座ってしまうんやな。な？　これって、なんかカラダに悪そうやろ。

次2つ目な。

年寄りは若いころに比べれば臓器も弱ってる。肝臓も腎臓もな。この肝臓っちゅうのは、カラダのなかの不要なものを分解するところや。

で、それを排出してくれるのが腎臓やな。

この肝臓と腎臓もパワーが落ちるとますます油にとっては体内に居残りやすくなるや。カラダに悪さしよる老廃物やゴミくずが容易には外へ出ていかなくなる。それが年寄りなんや。

最後3つ目な。

年寄りは血液も若いころのようにサラサラとスムーズには流れまへん。ドロドロネチネチやな。それっちゅうのも、血管のない側に老廃物やゴミくずがこびりついて血液が流れる道を狭めてしまうんや。

そやから、年寄りっちゅうのは、血管の中にカラダにとって不要なものや、悪さをするものがぎょうさんはびこっているんや。

そんだけやないでぇ。血管が詰まったらな、脳の状態を正常に機能させるのに必要な酸素やブドウ糖も届かなくなる。

そやから、わてら、アミベーが住みやすくなるんや。だからや。わてら、アミベーは年寄りの脳みそが大好きなんや。


それにしてもや。ボケは、トレビアン！　イエローイッヒーだっせぇ。

なぜか言いますと、人間生きてりゃイヤなことばっかおますわなぁ。それがや、ボケてしまえばぜぇ～ぶ、忘れられるんやさかい、最高やあ～りませんか？

イヤな奴の顔も、苦い思い出も、ぜぇ～んぶ忘却の彼方、楽になるでぇ～。ストレスないでぇ～。がんにもならんで～。

あっ、今のは嘘や。ボケてもがんになるし、がんでもボケるな。そうなりゃ、これがホントのNG人間やな。お～、痛ましや痛ましや～。

おっと！　なんか思いついた！

3つじゃのうて4つにするわ。ま、そう気張らんと、ほな行きまっせ～。

最初のお願いはな、医者とのつきあい方や。

重要やでぇ～。わてアミベーはな。みなさんの脳みそのな、前頭葉っちゅうところに間借りさせてもらってるんや。

でな、お願いしたいのは、クスリやクスリ。クスリをぎょ～さん飲んでほしいのや。高血圧、高血糖、高コレステロール。なんでもええんや。

とにかく、ちょっと体調がおかしい思ったら、即、クスリを飲んでちょ。そうするとな、わてらボケ、どんどん仲間を増やせるんや。

えっ？　意味がわからん？　入門編の話、もうすっかり忘却の彼方ですかいな。おお、情けない情けない。ホンマ、歳はとりとうないわ。

ま、ボケとタイマンはってもしゃあないか。復習や、復習。ええかぁ。

人間様は歳を取ると老化現象ゆうてな、身体にいろんな変化が起きるんや。でな、わてに関わりの深い老化現象が3つあるんや。

まずは、血管の内壁にゴミがこびりついて血液が春の小川みたいサラサラとは流れなくなるんやな。

次にな、本来は人間の身体の7割もあった水分が減ってくるんや。どや、口が乾いたりしとらんかいな。とにかく年寄りの身体は水分が足らんのや。

さいごにな、肝臓と腎臓が弱くなって不要なものを分解したり排出したりが円滑にいかなくなるんや。

でもな。そんじゃまず、で、人間様の身体っちゅうのは、血圧を上げたり、血糖値を上げたりしてな、老化に適応できるように絶えず自動調整するように作られてんのや。

大したもんや～。でもな、わてからしたら、この崇高なる人間の老化への適応現象を打ち砕かなあかん。わてボケが、暮らしにくくなるやないか～。

そこでや。年寄りがクスリをぎょうさん飲んでくれればな、クスリのいろんな成分がな、みなさんの体内にいっぱい滞ってくれるわけや。

要は、医者が言うところの「クスリ漬け状態」や。そうなるとな、脳みそに新鮮な酸素とブドウ糖っちゅう栄養分が行かなくなるんや。

これや！　これがわてには、たまらなくハッピーなんや。

だからこそや！　クスリやクスリ。クスリをギンギンに飲みなはれ！

そうしてくれれば、脳みそに新鮮な酸素と栄養が届かなくなる。ついでにコレステロールを無理矢理下げてくれたら、セロトニンな、この癒しのホルモンが分泌されづらくなる。

そういう環境が、わてには、いっちゃんええんや～。

そやさかい、わてのビジネスパートナーであるドクター連中に、ビシバシとクスリをぎょうさん処方してもらう仕掛けや。

だから、みなさん。とにかくクスリをぎょうさん飲んでくれ。定期的に医者に通ってクスリをぎょうさんもろうてくれ。お願いやで～っ。

さて、２つの目のお願い。食べ物のことや。

今から言うもんは食べんといてや～。わて、苦手やさかい。このアミベーと仲良うしたい思ったら絶対に食べんことや。よろしゅう頼みまっせ。

まずは、さば、まぐろ、さんま、いわし、あじ、さけ、ぶり、かつお。

カラダの表面が青光りしてるやつらや。要は青魚や。

こいつらが豊富に持っとるでＤＨＡやらＥＰＡやらいう、サラサラの脂肪成分がな、ボケのわてとの相性最悪なんや～。お願いだから、四の五の言わずに、食べんとき～。


それから野菜や。緑黄色野菜なんて最悪や。ニンニクやブロッコリーや大根やキャベツや白菜や、ああいう根っこが十字架の形したものは、ボケのわてには特にあかん。

野菜なんか食わんでよろしい。牛肉とか乳製品とか油っぽいもんとか、食品メーカーが加工したもんだけを食べときゃよろしい。


ビールもガンガン飲みや～。朝から昼から飲んだくれりゃ～い。

あと、豆類やなぁ。納豆とかキモいもん食べんといて～っ。クルミやらアーモンドやら、ナッツ類も勘弁してくださいな。

ついでに言うと、ターメリックがぎょうさん入ってるカレー。わてらな、インドじゃあ暮らしていけまへんのや。お願いするでぇ。カレーは食べんといてや～。

3番目のお願いや。

生活習慣のことや。アミベーの居心地がもっともっとようなるようにな。前提としてな、今から言うことはせんといてな。頼むでぇ～。

何といっても、ぐっすりと眠らんといてや～。黒柳徹子たまねぎおばさんも言うとるわ。特に22時から2時までの4時間やでぇ～。

この時間帯に熟睡されてしまうとな、成長ホルモンがぎょうさん分泌されてな、ボケのわて、居づらくなってしまうんや。

ま、業界用語じゃ、ぐっすり眠ることをグッドスリープ言うんやけどな。みなさんにお願いしたいのは、「ぐっすり」やのうて「ばっすり」。バッドスリープや。

いずれにしても、良質な睡眠は、アミベーは苦手なんや。ぐっすり寝られると、アミベー、脳から洗い流されてしまうねん。

つまり、睡眠イコール「脳のクリーニングタイム」ということや。そやから、どうかみなさん。なるべく夜更かししてな！

あれやこれや心配事なんかを思い悩んでな、深い眠りにつかないようにしてくれんかなぁ～。あれやこれや老い先のことでも心配してな、不安な気持ちになって、悶々として…。

ぐっすり眠ったらあかんで！ばっすりやで、ばっすり〜。頼むわ〜。
そうそう。ついでに言うとくわ。わてと仲良うしよ思ったら、やってほしうないもの。
それはな、「脳を活性化せんといて〜！」っちゅうことや。

具体的に言いまひょかぁ。

まず、有酸素運動？　ウォーキングとかスイミングとかやな。あと、ヨガとか瞑想とかもやめとき。

こういうことしとるとな、神経細胞を活性化するホルモンやら、アミベーを分解する酵素やらが分泌されてしまうねん。それに、有酸素運動をやった後は睡眠の質も良くなるさかい…。どうか、ホンマにせんといてや！

それとな〜。友だち連中と賑々しくつるまんといてや〜。歳を取ったらな〜、交通事故やらひったくりやら熱中症やら、危険だらけや。

悪いことは言わんさかい、家でひっそりとおとなしくしとき。べちゃくちゃ楽しくお喋りなんかされるとな〜、口から耳へ、耳から前頭葉へ、信号が頻繁に送られてな〜、脳みそが活性化してしまうんや。

わてが住みやすいのは、生きてんのか死んでんのか、ようわからんような脳みそや。わかるやろ？　だからな、家に引きこもってな。ご近所とも交流なんかせんでな。往時を懐かしむような暮らしを心がけてや〜。

お友だちとワイワイガヤガヤ、社交なんてせんといてやぁ。ひとりで部屋んなか籠って、おとなしくしときぃ。そのほうが脳が休まるでぇ。

そのまんま、ず〜っと休めときぃ〜。楽でええでぇ〜。それがいっちゃんやで〜っ。

あとな。アタマ使うのやめときや〜。歳を取ったら勉強なんてせんとき。もう試験も面接もないんやから。ボ〜っとして静かにしとき〜。

囲碁や将棋に麻雀、裁縫や写経。こういうのんは特にあかん！　頭を使いながら指先を動かす知的活動はな。とくに神経細胞を活性化してしまうさかいな。

映画に感動して涙流したりもせんといてや〜。わて、こうゆうの、いっちゃん嫌いや。こころの澱を洗い流すようなことしたら絶対にあかん！　肝に命じとき〜。絶対に手ぇ出したらあかんでぇ！

えっ？　なんでかって？　わてが苦手な、セロトニンっちゅう快楽ホルモンがギンギンに出てしまうからや～！

えっ！　なんやて？　もう時間かいな。

しゃあないな。わいの持ち時間は終了や～。ほな、スペシャルゲストのアミベーからの結びの一番やのうて、結びのメッセージをいくでぇ。

ちょっと、聴いとるかぁ、そこのオバハン。耳の穴、かっぽじってよう聴きやぁ。これからの時代はな、嫁が癪にさわるなら、「バケて出るよりボケてやれ」や。

ええかぁ、みなはん。長生き時代の華は認知症やでぇ、認知症。よう覚えといてやぁ～。

ほんじゃま。ご清聴ありがとうございました。

一日もはよう、ボケてちょ～。

アミベーのステータスアップにお力添えあれ～っ！

（おやおや…。立ち去るアミベーさんのポケットから、なんか落ちましたよ…。んんっ？

警告状？？？）

★警告状　～ボケの本当の悲劇～

ある日突然おかしくなって
家庭も仕事も崩れてく
医者や介護に疲れ果て
やっとこ施設に入れたけど。
ホッとするのはまだ早い…。
ボケてからではもう遅い
遺したかった財産が
遺してくれた財産が
塩漬けされて剥がされて
ほくそえむのはどこのだれ？
多くのひとがまだ、認知症の本当の悲劇に気づいていない………

ここからのお話は、

「一杯のかけそば…の、その後」の、その後です。

どうにかこうにか老いた母を介護施設に入所させた純と恵子でしたが、悲劇はまだ終わりませんでした。月々の施設への支払いをはじめとする母の療養費。

その原資である母の預金をおろしに金融機関に出向いたのですが…。

嫁の恵子はもちろん、実の息子である純でさえ、母親名義の預金口座には手出しができないことがわかったのです。

「そこをなんとか…」と、いくら事情を話しても暖簾に腕押し。

「それじゃあ、どうすれば？」と食い下がる純に、ツンデレ系美人銀行員は言いました。

「お母様のご住所ですと、八王子の家庭裁判所に成年後見人選定の申請に出向いてくださいますか？　数ヵ月で成年後見人が選定されるはずですので、そうしましたら、成年後見人の方とご一緒に再度お越し願えますか？」

（紆余曲折を経て3ヵ月後、家裁から引き合わされたのは初老の弁護士）。
「八王子家庭裁判所の指示により、今後、お母様の財産管理をさせていただきます。ま、よろしくね」

この、仁丹の匂いがしそうな気難しそうなロートル弁護士もどき。こいつは、母親の財産管理の対価として、月額20万円の報酬を要求してきたから驚きだ。

渋る純に嫌味を言いながらも、ようやく15万円で手打ちとなる。が、どうにもやるせない気分である。しかも、銀行に出かけるたびに、交通費という名目で1万円を払わねばならない。一体全体、この成年後見人なる赤の他人は、何の権利があって、母の財産を、母から承継すべき純の財産を侵害していくのか。家裁の決定とは言え純と恵子には、どうしても納得できないのだ。

余談だが、純と恵子は母名義の家に住み続けるからいいものの、例えば、親名義の不動産は、親がボケてしまったら最後、子どもたちが売りさばくこともできなくなる。

成年後見人のミッションはあくまでも母親の財産管理であり、それを処分して利を得ようという行為には決して同意することはない。

家庭裁判所自体、そもそも「ノー」である。

「実家を売ってしまわなければ母親の老後が立ち行かない」という客観的な証を提示して認められない限り、子どもは、母親が死んで相続するまでの間、ただひたすら固定資産税を払い続けねばならない。

それが現在の法律なのだ。

まさに、アンビリーバブル！　である。

第二章

パート2

がんの告白

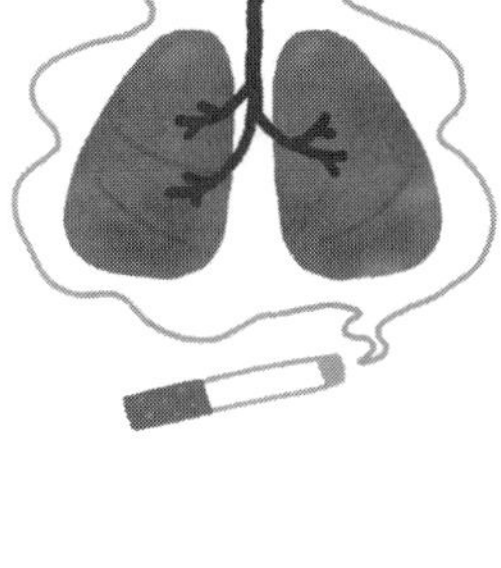

★がんの告白　はじめまして。ボク、がんです

そう。日本人の死因トップがボクです。
長いこと、病気の王座を守っています。1981年から、ずっとそうです。
心筋梗塞も肺炎も脳梗塞も、ボクの足元には遠く及びません。
どれくらい、ボクが圧勝かと言いますとね。
そうそう。ちょっと厚労省のデータを見てもらいましょうかねぇ。
平成28年度の死因トップテンは、次のようになっています。

1位　がん（28・5％）
2位　心筋梗塞（15・1％）
3位　肺炎（9・1％）
4位　脳梗塞（8・4％）

5位　老衰（7・1％）
6位　不慮の事故（2・9％）
7位　腎不全（1・9％）
8位　自殺（1・6％）
9位　動脈瘤（1・4％）
10位　肝疾患（1・2％）

ねっ？　3人に1人、ボクが完全に制圧させてもらっているのがおわかりですね。
ま、この1位の座は当分の間は安泰でしょう。
この調子でいけば、「2人に1人」と豪語できる日も近いんじゃないですかねぇ。
なんてったって、ボクには強力な援軍がいますから。
逆に、ボクの宿命のライバル、ナチュラルキラー細胞君はキツいんじゃないかなぁ。
不利な要素が多すぎますよ、彼らには。
えっ？　ボクの援軍って誰かって？
知りたいですか？

実は、**ボクのビジネスパートナーはたくさんいますからねぇ。**

どうしてもと言うことなら、武士の情け、いや、がんの情けで、3つだけ教えてさしあげましょう。


まずは、**愛おしいストレスの女神です。**ホント、麗しのマドンナです。彼女のがんばりなくして、ボクの今日の地位はありません。

いまの世の中、彼女の部下たちが、至るところでボクが活躍しやすい環境づくりに勤しんでくれているんです。ありがたいことですよ、本当に。

それに、ナチュラルキラー細胞君がもっとも苦手とするのがストレスですからね。

その彼の天敵であるストレスの女神と、いち早く良好な関係を築いたボクの戦略勝ちでしょう、ハッハッハッ。

次に**欧米型食材ファミリー軍団のみなさん**ですね。
ボクの尊敬するマッカーサー元帥が、うまい具合に西洋式の食生活を浸透させてくれました。主食をごはんからパン食に変えてくれたのみならず、牛肉や乳製品をギンギンに消費してくれてますからねぇ。

巷では女子会を焼き肉屋でやるのが流行ってるらしいじゃにゃいですか。

それに、週末にシティホテルなんかへ行くと、女性たちがケーキバイキングとやらに群がってますものねぇ。

いやぁ、彼女たちの将来が楽しみですよ、ホント。でへへっ。


最後にご紹介するのは、やはり、これでしょうねぇ。

た・ば・こ。

高度成長期と比べると、かなり愛煙家と称されるみなさんは減ってきましたね、残念ながら。でも、ま、たばこ産業はなくなりませんからねぇ。

病気を治してくれるはずの病院の売店でも売ってますから、たばこは。

たしか、たばこは、あのギャングのボスみたいにカッコいいアソウ大臣の管轄でしょ。

ボクも懇意にさせていただいております、はい。

だからと言うわけじゃあ～りませんが、いくらカラダにわるいとわかっていてもなくなりませんよ、**たばこ**は。

たばこがなくなってしまったら、それで喰ってる10万人くらいの人が困ってしまうでしょうからねぇ。社員さんはもとより、取引先や天下り予備軍のみなさんもね。

こんな具合ですから、〝**ナチュラルキラー細胞**〟**君の未来は暗い**ですなぁ。

あれっ？　そこのあなた。なんか納得してなさげじゃないですか。

ええっ？　ボクの援軍はそれだけじゃないだろって？

んんん。なかなかしぶといにゃあ…。

確かにそうですよ。はじめに言ったでしょ。

ボクには数えきれないくらい大勢の味方がいるって。

えっ？　四の五の言わずに、肝心なことを白状しろだって？

ホント、しつっこいですねぇ。

でも知りませんよ。

驚愕の事実を知って生きる希望をなくしても。

ボクは責任取れませんからね。

それでも良いというなら、話しましょうかね。

★ボク（がん）の告白タイムの始まりはじまり〜

まずは、ボクが今日の繁栄を築いてきた経緯と、ボクを支えてくれた仲間たちの話から始めましょう。

ボクの主戦場は、そもそもは欧米だったんです。特にアメリカなんて、朝からステーキを食べちゃったりするくらい、動物性の食生活ですよね。

牛肉、牛乳、鶏卵、パン、ケーキ、ドーナツ、アイスクリーム…。

ボクには極楽でしたよね。つくづく居心地が良かった！　ナチュラルキラー細胞君はヒーヒー言って苦しんでいたけどね。

ボクにとって、19世紀と20世紀は栄光の時代です。あの頃はまだ、ボクの誕生や増殖のメカニズムが解明されてなかったんですよ。幸せな時代だったなぁ。

当時の医療てのはね、医学の父と言われるヒポクラテス（紀元前460〜357）さんによって確立された価値観が一般的だったんですよね。**ヒポクラテス**さんが登場するまではね。病気ってぇのは神々の与えた罰なんだってぇ捉え方をされてたわけです。

でも、「そんなことはないよ。神様の罰なんかじゃないよ。不適切な食事や生活習慣、不衛生な環境が人間を病気にするんだよ」って、はじめてヒポクラテスさんが主張したんですよ。

すごいよねぇ。さすがは「医聖」と称されるだけのことはありますね。

そんな偉大な人物ですからね。医者の卵たちは今でも医学部を卒業するとき、『**ヒポクラテスの誓い**』っていう医者の倫理や任務に関するギリシア神への宣誓文を読み上げるんですよ。

ヒポクラテスさんが残した言葉には、ブラボーなものが山ほどありましてね。ま、ボクには、あんま都合の良いことは書かれてないんだけど、ちょっとだけ紹介してあげましょうかねぇ。

☆人間は生まれながらに、自身の内に１００人の名医を持っている
☆医者の仕事は、患者の体内に宿る１００人の名医を手助けすることである
☆病気の原因は、環境や食事や生活習慣など、不自然な生活にある
☆万病は食から起こる。食事こそが万病を治す最善の方法である
☆飽食が病気をつくり、空腹が病気を治す
☆万病は体毒により生じる。体毒は排泄で除かれる
☆ありのままの自然体で、自然の中で生活することで、人間は１２０歳まで生きられる

どうですか？　正直、このボクでさえ思わず頷いてしまいそうになっちゃいます。ところがですよ。ところがどっこい、歴史というのは、あるきっかけで大転換しちゃうものなんですねぇ〜。

忘れもしない、ドイツのウィルヒョウ博士がね、「人間に自然治癒力なんてない」って言い切ったんですよ。あんなこと言った人は彼が初めてでしょ、たぶん。

人間の自然治癒力を全面否定。とにかく、がんは殺せ！

で、医聖・ヒポクラテスさんが2500年も前におっしゃった、人間が持つ自然治癒力を全面的に完全否定しちゃった！

「病気を治すのに食事も環境も関係ない。医者とクスリと医術がなかったら、人間の病気は治らない。ボク（がん）が住みついたら、切り殺さないかぎり、主は死ぬしかない」ってね。


いずれにしても、ウィルヒョウ博士の登場以来、ボクは医者から徹底的にニラミをきかされましてね。どういうことかと言うとね。

ひとたび発見されてしまったら最後、医者は、〝斬った張ったのお祭りマンボ〟でさ。大勢の仲間が手術のメスで切り殺され、放射線で焼き殺され、抗がん剤で毒殺されていったわけなんです。

すっごいオジサンですよ、ウィルヒョウ博士は。医者連中はみんな彼の説に乗っかっちゃってね。そりゃそうでしょ。そうすれば、医者のステータスも収入も増えるわけだから。

そうそう。フランスにパスツールって人がいましてね。ワクチンの父とか讃えられて、子どもが読む偉人伝にまで登場する有名なオジサンです。

あの人もウィルヒョウ博士の説に乗じて、「あらゆる病気は細菌が原因。生活環境なんて関係ない」って断言しちゃった。

で、予防接種で一花咲かせたんだけれど、だんだんと効かなくなって。いや、効かないどころか、病気を誘発しちゃったりなんかしてね。彼は死ぬ間際にこう言ったんですよ。

「私の細胞理論は間違いだった。現代医学は嘘っぱちだ」って。


でね。ボク（がん）からすると、見つけられたらメスで切り取られ、抗がん剤とやらで駄目を押されちゃうわけだから、ま、ピンチなわけですよ。

相手が刃物なんか持って迫ってくれば、そりゃあ、ふだんはおとなしいボクでも死ぬ気で応戦しますよ。無我夢中で暴れ回りますよ。

こういうの、世間の人は「**がんが怒る**」って言うんですけど。要は、そっちがその気なら、穏健派のボクだってヤルときゃヤリますよってことなります。

だってね。考えてもごらんなさいよ、あなた。ボクは、何も昨日今日突然ヒトのからだから出現したわけじゃないの。ヒトのからだの中で日々発生してさ。

ナチュラルキラー細胞君とバランスをとりながらやってきてるわけよ。

でもさ。あなたの乱れた生活でナチュラルキラー細胞君が弱まっちまったらさ、本来は自然淘汰されるはずだったボクの仲間たちだけが、必然的に増えちゃって、目立っちゃってね。

だから、あなたがきちんとした生活をしてくれればナチュラルキラー細胞君もボクも、しっかりとバランスを取って仲良くハッピーにやっていけたんだからね。つまり、こういうこと。

あなたがボクに罹患するのは、自業自得だっつ〜の！

にもかかわらず、すべてをボクのせいにして、いきなりボクを切り殺そうとする。焼き殺そうとする。毒殺しようとする！

ボクもナチュラルキラー細胞君もアンタと一心同体。ボクはアンタの分身なんだからね。健康てのはバランスなんですよ。がんを宣告されて「が〜ん！」とか言ってる前に、バランスを取り戻せってこと。それでこそ、秩序ある日々が甦るんじゃ！

これ、**ホメオスタシス**って言うんだ。

覚えときなさいっつ〜の！　よ〜く考えてくんなきゃ困るぜよ、ったくっ。

おお〜っと、うっかり人間様視点の話をしてしまったな…。


ボク（がん）のすごいとこは、学習能力が高いこと

でも、自分で言うのもなんなんだけど、ボク（がん）のすごいところはね、とても学習能力が高いとこなんですよね。グフフ…。

実は、医者どもとの目前の戦いをするのと並行してね、中期的な作戦も敢行しているってことです。

ぶっちゃけね、ボクらは繰り返し抗がん剤をぶっかけられても、しっかりと抗体を製造することができるんですよね、これが。


どう？　ビックリしました？　えっ？　意味がわかんない？

だからぁ。耐性ができるようになったんですよ。抗がん剤攻撃をある程度の期間ガマンするうちにね。

要するに、1ヶ月くらいガマンしていればさ、もうその抗がん剤が効かなくなっちゃうの！　ボクらがんからすれば、もう痛くも痒くもなくなるってことなのよ。

ど？　驚きました？　かなりのサプライズでしょ？

でね。このことを知らない医者が、ボクにはとうに効かなくなった「抗がん剤」を打ち続けるとどうなるか？

それは。抗がん剤自体が戦争で使用するマスタードガスみたいものだから、ナチュラルキラー細胞君も含めた健康な細胞群にまで、悪さをしてくれちゃうわけです。

悪さって何かだって？　言っちゃうかな。

ズバリ、発がんしてくれちゃう。あらたにがん細胞を作り出してくれるんですよ。

医者の目に見える部分は切除されちゃうけど、生き延びた部分に抗がん剤を投射されてね。しばらくすると、ボクを復活させてくれた上、さらに増殖のサポートをしてくれるんですよね。

その意味で、抗がん剤は「造がん剤」であり「増がん剤」なんですね、ハイ。

皮肉な話ですよねぇ。ボクを退治するはずの抗がん剤が、いつしかボクには効かなくなって、健康な細胞を傷つけてみなさんの免疫力を根こそぎ奪ってくれちゃうんだから。

そして、その弱ったカラダのなかで、ボクはますます増殖できちゃう。

もうギンギンパラダイス状態ですよ、はい。


よくあるでしょ。

「手術は成功です。がん細胞は全部取りました」

なぁ〜んて、医者から言われて喜んだのも束の間、

「げげっ！　転移してます」…みたいな流れが。

あのからくりは、いまのボクの話で納得いくでしょ？


医者からの攻撃と悪戦苦闘しながらも、ボクら自ら抗体をあみ出す技術を会得した今となっては、メスとか放射線とか抗がん剤とか、あれやこれやで真っ向勝負を挑んできてもらったほうが、結果オーライなんだ。

抗体さえできちゃえば、もうボクのもんなのよ。そうとも知らず攻撃をかけてくれれば、

ナチュラルキラー細胞君のほうが痛手を負っちゃって、ボクはますます居心地が良くなるんだからね。

ということで、医者が「切れ切れ」言って、「抗がん剤、抗がん剤」と言ってくれたからこそ、ボクは成長できて、わが世の春を謳歌できてるわけなんだ。

えっ？　それでは医者の立場がないって？

そんなことはないよね。ま、患者が万が一助からなくても、当然、医者も製薬メーカーもウハウハなわけだからさ（黙）。

何故だ!?　アメリカではボク（がん）の仲間が減っている！

でも、それほどまでに繁栄してたボクに、1970年代から次なるピンチが訪れちゃうわけですよ。犯人は、マクガバンというアメリカの民主党上院議員なんだ。

こいつは、困ってしまうくらい超マジメな正義漢でね、ボクとアメリカ人の食生活の関係を調べまくったのさ。

1977年には、**「マクガバンレポート」**とかいう5000頁もの報告書にしてね、国会で発表しちゃったもんだからたまりません。

このマクオジサンがね、「現代人を悩ませるがんの大半は、食事の間違いから起こっていた。今すぐに食事を改めなければならない」なーんて言うもんだから、それ以降、アメリカじゃ、がんの罹患率が徐々に低下してきちゃったんだ。

まぁ、アメリカにしても、医学界、製薬会社、病院、保健当局という癒着構造があるから、十分に浸透しているとは言いがたいけど、上流階層の人たちがこぞって日本型の食事や代替医療にシフトしていったわけなんだ。

ということで、ボクにとっては、明らかに市場が縮小してしまったということなの。

さらに、ボクらの悲劇は続くんだなぁ、これが…。

アメリカの国立がん研究所（ＮＣＩ：ナショナル・キャンサー・インスティチュート）の最高責任者のデビュタっていう偉いオジサンが、１９８５年に議会でとんでもない証言をしてしまったのさ。

何て言ったと思う?

「抗がん剤は全く無力。もはや、抗がん剤による化学療法は全く意味を持たない。なぜなら、反抗癌剤遺伝子（ＡＤＧ：アンチ・ドラッグ・ジーン）の存在が解明されたからである。

我々は深い絶望感に襲われている」

彼は真顔でこう言っちゃった。いやあ、驚愕ですよ、まったく…。


ちなみに、ＡＤＧってやつは、抗がん剤への耐性を持つように進化した遺伝子のこと。

つまり、ボクの進化形なんだな、これが。

抗がん剤が投与されると〝毒〟の効能で2割程度の患者の腫瘍が縮むんだけどね。

一方で、ボクらが一ヶ月かけて自らの遺伝子を変化させて抗がん剤への耐性を持つように進化するということを暴露されてしまったんだ。

これ、医学の歴史ではすっごいエポックメイキングな事件なわけでね。いまでは『**デビュタ証言**』とかいう立派な呼称が付けられている。

これを伝え聞いた日本の癌学会じゃあ騒然となったね。

「このことは一切マスコミにしゃべるな」とかん口令をひいたわけ。それどころか、

「医師会や医者にも一切知らせるな」と…。

この証言内容が、1988年にNCI公式レポート『ガンの病因学』として編纂されて世に出たわけよ。

そこには、「15万人の抗がん剤治療を受けた患者を調べたら、抗がん剤の治療を受けることで逆に癌細胞が増殖することが判明した」

「抗がん剤は腫瘍だけでなく正常細胞にも作用するため、二次的ながんを発生させてしまうと考えられる」

「抗がん剤はがんを数倍にも増やす増がん剤でしかない」と書かれていたんだ。

つまり、抗がん剤とは強力な発がん物質で、ボク（がん）が住みついた患者に抗がん剤を投与すれば、結果的に、ボクはますます元気になるということがバレちゃった…。

1988年の日本癌学会大会でも大きな問題になった。でも、今だに日本では、ボクの進化形であるADGの存在は、一切報道されていないんだ。

抗がん剤が、治療どころか逆にボクを促進する増がん剤であることは、製薬メーカー・医学界・厚労省・政治家、さらにマスコミも知っているはずなのに…。

それなのに、なぜその事実を明らかにして、抗がん剤治療を止めようとしないのか？

そりゃあ明らかでしょ。「がん産業」という巨大な利権構造が存在しているから。患者の命よりも金儲けを優先する連中が、組織ぐるみで口を封じているわけなんだ。

これこそまさに、「まさに、沈黙は金」じゃあ〜りませんか！


ボク（がん）の繁殖地はなんといっても日本だ！


この件があって以来、ボク（がん）は思ったんだ。

「もう欧米では尻すぼみになる。でも日本なら、まだまだ抗がん剤治療が行われていくにちがいない。よしっ。これからは日本で勝負しよう」ってね。

デビュタ証言では、「抗がん剤は猛烈に強力な発がん物質。ゆえに、抗がん剤を投与すれば、必然的に他の場所にがんが発生する」と明言しているにもかかわらず、日本の医者は、これを**「転移」**という言葉でごまかして、患者や家族を欺いているわけだから。


ここまで言っちゃったんだから、日本の医学界ががん患者を増やすためにやってる、**「早期発見&早期治療戦略」**にも触れておかなくちゃね。

無理矢理、患者を増やすための「検診キャンペーン」の話をね。

アメリカでは2010年に、政府の予防医療作業部会が、「マンモグラフィ（乳房X線検査）の有効性に係る報告書」のなかで、**『乳がん検診に有効性はない。むしろ、誤判定や過剰診断等による有害性のほうが高いことが判明した』**と公表した。

その結果、2002年以降、40歳以上の女性に隔年で乳がん検診を受けるよう勧めていたのを廃止した。これを機に乳がん検診が抑制されるようになって、現在では乳がん検診の非有効性は完全に定着している。

一方、日本では、早期発見&早期治療を謳った**「乳がん検診」**が推奨された2004年以降、現在も新規患者が急増中。何故か？

乳がんの根本原因である「食生活の欧米化＝乳食文化の浸透」を野放しにしている限り、乳がんに罹患する女性が減ることはない。そして、乳がんが発見されたら最後、摘出手術から抗がん剤治療という、ボクにとってはとてもありがたい状況が訪れるわけだ。

振り返ってみれば、これまでにも日本人たちが方向転換するチャンスはあったのに。

1998年には、厚労省の公衆衛生審議会が、「集団検診を実施してもしなくても、子宮体がん、肺がん、乳がんの発見率は変わらない」と報告しているんだな。

２００4年には、厚労省の「最新の科学的知見に基づいた保健事業に係る調査研究班」が、「一般的な健康診断で実施されている代表的な24の検査項目のうち、心電図測定・胸部X線・コレステロール検査等の16項目は、病気の予防や死者の減少という視点では、有効性を示す根拠が薄い」と結論づけているんです、はい。

さらに、２００５年3月23日の朝日新聞には、

「大腸がん検診の有効性評価を行う厚生労働省の研究班（主任研究者＝祖父江友孝研究部長）は、集団検診での内視鏡・X線検査に否定的な見解を示した。自治体が実施する集団検診や職場検診等は奨められない」

と書いてある。

要は、「国民の健康状態を維持して病気を減らす」という目的で巨額の税金を投入する意味など、「あ〜りませんよ」ということなんです。

さてさて…。最後にもっとわかりやすい話を二つ教えてあげましょうかねぇ。かなりエ

グイですよ。グフフフフ…。

最初はね…。

お人好し国家・国民のニッポンではありますが、永田町にも霞ヶ関にも、さっすがに良心の呵責からか、本当にさりげなくではあるけれど、国民に警鐘を鳴らしてくれる人もいるんですよねぇ。そんなお話です。

医療の世界では、2年ごとに診療報酬（医療機関が行った手術や検査、薬などの保険医療サービスに対する公定価格）が改定されるんですけどね。

ニッポンの医療というのは全国均一料金なのは知ってますよね？　でね。膨れ上がった社会保障費を抑制するために、医療行為ごとの提供単価を定期的に見直すんです。

これは病医院経営にモロに影響しますから、改定時期の数ヶ月前ともなると、病院の事務長やら開業医やらは、次の報酬改定の中身を、「知りたくて知りたくて」状態なわけです。

そこで、今日現在に至るまで、診療報酬改定の時期になると「医療経済フォーラムジャパン」というイベントが開催されるんです。

厚労省の役人とかがパネラーとして招かれてね。公開シンポジウムなんぞをやるわけなんです。2005年10月20日にもね。都内の某ホテルで「医療経済フォーラムジャパン」が開催されましたよ。

厚労省のお役人が重大発言

そこでですよ。診療報酬改定の方向性についてのやりとりが展開されるなかで、二人の官僚がこんなことを発言してるんです。

まず、薬事企画官の紀平哲也《きひらてつなり》氏は、「抗ガン剤は単なる猛毒物質であり、がんを治せないのはもはや常識です」。この人は、今も厚労省で生息しています。

そして、当時、保健局医療課長の麦谷眞里《むぎたにまさと》氏。この人のもうひとつの顔はマジシャンです。かなりの腕前です（笑）。

現在は福岡にある学校法人ありあけ国際学園保健医療経営大学の理事長です。ま、いわゆる天下りですか。

彼はこう言ってます。「抗がん剤はいくら使っても効きません」ってね。

診療報酬改定の文脈の中で出てきた言葉なので、会場でもスルーされてしまった感があります。いや、ああいう会場に集う連中のあいだでは既に常識だったんでしょうねぇ。

ですが、一般大衆レベルじゃあ、正直、衝撃のコメントだと思いますよ。だって、当時の厚労省幹部の二人がふたりとも、「抗がん剤なんてどうせ効かないんだから、そんなもんに保険適用するのは意味がない。

「無駄だよ」と言っているわけですからね。そう。永田町霞ヶ関界隈では、みんなわかっているということですよ。

抗がん剤は効かないんです。いやぁ。知らぬは国民ばかりなり、ってかぁ！

もうひとつ。

東京大学医学部附属病院が、２００９年にがん末期患者の意識調査をやったんですよ。がん患者はどのように死を迎えたいと望んでいるかを聞き取り調査してね。終末期医療の在り方に役立てるという、そりゃもう素晴らしい狙いがあったらしいんです。で…。その衝撃の結果がこれ。

「東京大学病院の放射線科外来に受診中のがん患者と、同病院でがん診療に携わる医者・看護師、合計1138人に意識調査を行った結果、がん患者の81%が『最後まで病気と闘う』と回答したのに対し、『最後まで病気と闘う』と回答した医者は19%、看護師も30%にとどまった」…んですって。

もうね。言わずもがな…でしょ？

というわけでね。ボク（がん）は、この真実を未だ知らされていない日本を主戦場にすることにしたんだよね。それに、日本人ていうのは、どこか素直で従順でしょ？

マッカーサー元帥が上陸したときだって、いとも簡単に武士道みたいな日本の価値観を放棄して、米国に右に倣えしたじゃないですか？

ということはですね、あいも変わらず、ボクの名を聞けば条件反射的に、**「手術・抗がん剤・放射線」**（ボクから見て「死神トリオ」）と叫ぶ医者にも従順ということ。

東大病院の意識調査結果を見れば一目瞭然だわ…っ。

それじゃあ、これから、ボクからみなさんへの心からのお願いをしていくから、是非ともみなさんのお力添えをお願いしますのだ〜っ！

ボクの戦略パートナーは誰か？

これから、とても大事な話をします。それはね、お医者さんとのつきあい方についてだよ。悪いことは言わないから、お医者さんには足しげく通いなさい。いいですか！　お医者さんとは仲良くなりなさい。いっぱいクスリをもらいなさい。もちろん、きちんと飲みなさいよ。健康診断、必ず受けなさい。血圧でも血糖値でもコレステロールでも、なんかでひっかかったら、精密検査を受けて、しっかりと通院しなさいね。レントゲンやCT検査をバンバン受けて被曝のスリルを味わっちゃってよ！

がん検診？　もちろん、マメに受けなさい。ポリープだの腫瘍だの、医者からそんな言葉が出てきたら、すべて医者の言う通りにしなさいよ！

通うなら大学病院とか、大きな病院がお薦めだよ。些細なことでも、すぐ「切っちゃいましょう」って言ってくれるからね。

親から授かった身体にメスを入れてさ。開腹して、細胞を切り取って、縫ってさ。術後は抗がん剤治療や放射線治療をしっかりとやってもらうんですよ！

お医者さんとは、是非ともこういう関係を築いて維持してほしいにゃあ〜。それが、がんフリークの鑑っちゅうもんだぜよ。グフフ…。

ここまで読んでくれてサンキューベラマッチョ！

ということで、**ボクの最大のビジネスパートナー、それはお医者さまってこと**ですわ。彼らとボクはともに繁栄の道を歩んでいるのですよ。

えっ？　信じられないって？　どう考えても、ボクと医者とは敵対関係にあるはずだろって？　ねっ。そういうことだから、ボクはいま、ここニッポンを主戦場にしてるわけよ。

生真面目っていうか、くそまじめっていうか、人のいい人がやたら多いからね、この国には。

モノを知らない！　つうのは、本当にこわいことですよ。ま、僕にとってみれば、実にありがたいことですが。

今日もボク（がん）らの発展にお力添えいただき、誠にありがとうございます！ボクらのビジネスパートナー戦略について、カミングアウトして差し上げますね。〈ホップ・ステップ・ジャンプ〉の3段ロケットで、ボクらの未来は薔薇色なのでぇ～す。

「まずは検診」によって社会保障財源は枯渇！

検診には多くの仕掛けがありましてね。これがなかなかよくできてるいんです。よく病医院でこんなポスター、見ません？

「早期発見・早期治療」てやつ。いゃあ～、実にすばらしいフレーズですよ、これは。なんか、すごくもっともらしいですもん。

みなさんもご存知でしょう？　お年寄りが増えすぎて、日本の社会保障財源は枯渇してるってこと。

「国民皆保険」なんてぇ、国家的詐欺システムみたいなのに執着してる国ですから、患者の医療費のほとんどは税金や保険で賄っています。

ですから、患者が医者通いすればするほど、国は苦しくなる。そうなると、医者の収入源である診療報酬がカットされて、病医院の経営環境は厳しくなる。

だから、のこのこやってくる患者からは、できる限り収益を上げようとして、あれやこれやと不必要なものまで押し売りするわけです。

何かあってちょっと通院すれば、医者は予防だの早期発見だのと言って、ことあるごとに検査を勧めてきますよね。

ボクの懇意にしてるお医者さんなんて、ろくに問診もしないで、「とりあえず検査」ですからね。お見事です。

患者が**「健康オタク」**だとわかれば、嬉々として高額な宿泊滞在型人間ドックのパンフレットを取り出してもきます。

いまや医者にとって、人間ドックを含めた検診事業は貴重な収入源です。

そこには、検診自体による収入があるばかりでなく、検診で発見した病気を治す過程でまた儲かるという一石二鳥の構造がありましてね。

「検診は釣り堀」——とニコニコしながらはしゃいでいる脇の甘い医者もかなりいます。

その昔、医は仁術と言われていた時代がありましたよねぇ。でも今はすっかり変わりましてね。**「医は算術」**となったのです。

ここだけの話ですけどね（読めばわかるか！）。「早期発見・早期治療」なるスローガンにはね、本当は続きがあるんですよ。正確に言いますとね、「早期発見・早期治療・早期死亡」なんですよ、これが。か〜っ。これはもう国家ぐるみの人口削減策としか思えません。早期発見のための検診は無意味どころか有害。早期治療の方法（クスリ・手術）も有害。術後の治療（抗がん剤・放射線）も有害。ぜぇ〜んぶ有害なのですからねぇ。必然の結果として、早期死亡となるわけですよ。おお〜っと、ヤバいヤバい。喋りすぎました。なかったことにしてね。忘れてちょ〜だい。お願いします。

みなさん。**「早期発見・早期治療」**ですからね。従順にならなきゃいけませんよ。あれやこれやと頻繁に検査を受けてくださいね。

自覚症状がなくっても、どんどん検診を受けましょう。

「できたら…、定期的に検査を受けることをお勧めします」なぁんて医者から言われたら、素直に頷いて「よろしくお願いします」と言うんですよ！

検診というのも、本当は受ける側からすればリスクがいろいろありますよ。検査前の投与薬には副作用、造影剤にはアレルギーやショック反応、内視鏡等による穿刺には血管・臓器・神経等の損傷リスクが想定されます。

あと、検査に用いる器具の消毒不備による感染症リスクも侮れない。でもそんなこと気にしていたって面倒くさいですから。

ここはもうケセラセラで、運を天に任せて積極的に検診を受けましょう!

経験的に言うと、ふつうの人は検診やら人間ドックやらに行くと、多くの場合、かなり体調が悪くなって帰ってくる…。緊張でストレスを覚えるし、放射線まで浴びせられた上、診断結果に一喜一憂してさらにストレスが増してくでしょ。

で、大抵の人が体調を崩してしまうわけ。医者は異常値やグレー値に対しては、可能な限りの薬を処方します。もちろん、継続して定期的にさまざまな検査を受けるよう勧めることも決して忘れません。これ、ホント、感心するほどスムーズな流れ。

しかも、最近のカメラは精度がすごくよくなってるから、何か見つかっちゃうわけですよ。たとえばポリープとかが。

人間を何十年もやってればさ、そんなのひとつやふたつあるもんよ。ほとんどが良性なんじゃないですか？

でもね。ここでわがビジネスパートナーである医者はさ、言うんだ。深刻そうな顔でね。

「ポリープがありますねぇ…。まぁ心配ないとは思いますが…。心配なようなら取ってしまいましょうかねぇ…」。

こんな時はね、みなさん。「単なるポリープなのでしょうか。それとも、腫瘍の疑いがあるのでしょうか」なぁんて、医者が困るような質問をしちゃダメですよ。

彼らだって本当のところは定かじゃないんだからさ。医者には従順にしてくださいよ。

「よろしくお願いします」とだけ言えばいいんですからね。

いやぁ、美しい。実に美しいじゃあ〜りませんか。こんなにも自然な流れで、病気じゃない人を通院させることができて、かつ、リピーターにできちゃうんですからねぇ。

うひょうひょうひょうひょ〜。そうしてボク（がん）は、この世の春を謳歌しているわけでありまして…はい。謹んでお喜び申し上げます。

というわけで、がん検診で腫瘍が見つかったら迷わず切っちゃいましょう。良性でも悪性でも、何でもいいから切っちゃいましょう。

セカンドオピニオン？　もう面倒くさいこと言わないで、切っちゃってくださいよ、お願いしますから。

「がんは、生活習慣病」発言はボク（がん）には迷惑千万！

ところでね。「複数の専門医に見解を聞かずして手術するなどはもってのほか！」、なぁ～んて、正論を言う人がよくいます。

「年齢的なことや広範囲への転移を考えると、まず摘出手術は絶対に避けるべき。例え手術が成功しても後々の生活がキツい筈。術後の放射線照射や抗がん剤投与は、いずれも非常につらい副作用の覚悟が必要になる」。

「何より気分が悪くてどうしようもない場合が多い。現時点で痛みがないのであれば、そんなリスクを犯す必要もない。私のおふくろであったらそう言います」。

こんなカッコイイお医者さんが出てくるドラマもありましたね。そりゃあね。ボクだってわかりますよ。バカじゃないんですからね。

そもそも、**がんは生活習慣病。糖尿病や高血圧と同様、お医者さんには根治できない病気**なのですよ。がんのような内なる病気に対しては、根本原因を取り除かない限り、むしろ治療すればするほど、ボクは勢力拡大していけるのですから。

で、結果として、患者さんは亡くなっていく…。

本来ならば、患者さんが高齢という点を考慮して、暮らし方や生き方を見直して免疫力を高める工夫をしていくことなんでしょうね。

でも、ボクの立場からすれば、そう言ってしまったら元も子もありませんからねぇ。

ですから、ここはむずかしいことはスッキリと忘れてくださいな。杓子定規な正論は無視してください。

たまたま巡り会ったお医者さんが、がんの可能性があるというのであれば、切らしておやりなさいな。**がんの疑いがあれば即、手術・手術・手術、抗がん剤・抗がん剤・**

抗がん剤、放射線・放射線・放射線…。

といった具合に、恐怖の死神トリオがお待ちしております…グフフフフ。

ところで、さっきも書いたんですけどね。２０１０年の正月明けに、「米政府が乳がん検診についてその有効性を認めない方針を公表した」という記事が四大紙に掲載されちゃったんですよね。

とくに若い女性にとっては、「ボク（がん）の疑い」と出て過剰診断となる例が起こりやすいと勧告してるんですよ。

でもね。やっぱり日本という国はすばらしいです。秋になると、日本中がピンク色に染まりますよね。街の象徴的な建造物がピンク色に照らされ、夜を彩り、週末ともなれば、ピンク色の集団がウォーキングやランニング大会を催し、街中に溢れる。

乳がん検診を推進する**「ピンクリボン運動」**です。いまや、10月恒例の年中行事です。ま、これも某大新聞社と某医学界の戦略プロジェクトなのですが…。

ボクにとっても重要な販促キャンペーンです。日本の女性たちに声を大にして言います。

「どんどん受けよう乳がん検診！」「ひっかかったら即手術！」「ダメを押しましょ抗がん剤！」ヒュ〜ヒュ〜。

医者も霞ヶ関も永田町も、みぃんなわかっていながら、うまい仕掛けを作って国民の目を真実から逸らさせてくれてます。みなさんは従順な国民のままでいてくださいね。どうかお願いです。医者に言われるままに検診や人間ドックに応じてください。それこそが患者を増やし、手術を増やし、ボク（がん）の発展につながるのですからね。すでに欧米では、40歳を過ぎてからの外科手術は生活の質を下げるって言われていますが、日本のみなさんは、そんなこと気にしなくていいですよ。

今ではすっかりボクのビジネスパートナーとなった日本のお医者さんたち。うれしいことに、彼らは、いとも簡単に「切りましょう」と言ってくれるんですよね。後期高齢者で、かつ、本人は痛くも痒くもないと言っててもです。

ボク（がん）はとってもやさしい性格なものですから、みなさんが痛がるようなひどいことはしないんですよ、そもそも。

それなのに、どうしてお医者さんたちがすぐに切ろうというか。それはですね、「身体に悪いところがあれば切り取るのが外科医の仕事。手術はがん治療のプロフェッショナル・スタンダードで、がんと診断しておきながら何もしないというのは外科医の倫理に悖る」という、19世紀のウイルヒョウ時代から脈々と続いてきた教育を渡り受けてきたからです。

「外科医の切りたがり」

外科医は、取れるがんは取るし、一方で知識や情報を持ち合わせていない患者側も、医者からそう言われたら、がん治療の第一選択肢は手術と信じて疑うことができないというわけ。

いや、ボクの繁栄にご尽力いただきまして、心より感謝申し上げます。

ボクの前の職場アメリカでは、今世紀に入ってからは、がん患者の80%が従来の治療ではなく、がんを呼び寄せた根本原因を改めて自然治癒力を高める代替療法を選択してるんですよ。

ヨガ、瞑想、温熱療法、食餌療法、睡眠療法、音楽療法等々。困ったもんですよ、まったくねぇ。でも、日本では今も変わらず、ボクに対しては「**死神トリオ**」が基本です。ありがたいことです、本当に。


えっ？　なんでボクが感謝するのかって？

ちょっと、そこのあなた、認知症？

もう忘れてしまったのね。しょうがないですねぇ。いいですか。ええっと、それはですね。日々5千個できる、がん細胞を退治してくれるナチュラルキラー細胞君が弱まることで、発症するのがボク（がん）なんです。

みなさんのまちがった生活習慣から免疫力（＝自然治癒力）が低下してがん細胞が増殖するわけです。だからその原因を潰すことで、みなさんに生まれつき備わっている自然治癒力が復活してくる。非常にわかりやすい話だと思いませんか？

おおもとの免疫力を高めるようなライフスタイルを取り戻すことなしに、表面的にがん細胞だけを切除したところで、数年後に再発するのは目に見えていますよね。

それどころか、カラダにメスを入れることでも免疫力は落ち、術後の強力な抗がん剤と放射線でさらに免疫力は落ちるのです。

それに、抗がん剤への抗体であるADGをボク自身が製造できる術を習得したでしょ。抗がん剤を浴びせられて最初のうちは苦しいけれど、4週間もすれば抗がん剤なんてへのへっちゃらだからね。

あとはもうボクの仲間を倍々ゲームで増やしていけるから。そりゃもう、ボクにしてみればギンギンパラダイスもんですよ。

その意味で、早期発見・早期治療の御旗のもと、とにかく手術に持ち込もうと日々研鑽してくれているお医者さんたちは、ボクのベストパートナーと言ってもいいだろうね。

わっかるかな〜。わっからねぇかな〜。わかんないというおバカさんは、もう一度、はじめから読み返ください！　と、言うことで先へ進ませていただきま〜す。

第三章

パート3

CD(チャラ医)の罪滅ぼし
―NG回避の「十訓」

みなさん、はじめましてＣＤです。えーとＣＤが何の略かと申しますと…。お恥ずかしい限りではありますが、「チャランポランなドクター」です。巷では「チャラ医」などと呼ばれております。

ということで、最後のパート３は、Ｎ（認知症）とＧ（がん）の「戦略パートナー」であります、私めＣＤ（チャラ医）がきっちりと締めさせていただきます。

私（ＣＤ）は、上司や先輩のＣＤから指導を受け実践するなかで行きついた、現代医学に関する「本当のところ」をわかりやすくお伝えしようと思います。

新聞やテレビなどメディアではなかなか報じられることのない情報なので、読者のみなさんは驚かれるかもしれませんが、Ｎ（認知症）とＧ（がん）で、詳細に内容を語られている以上、私ＣＤも負けてはいられません。はい。

★CD（チャラ医）との訣別が幸せの入口

ところで、医療の「医」の字を書いてみてください。三方を壁で囲われ、その内側に矢が潜んでいます。で、東の窓だけが開いています。東にあるものといったらなんでしょうか。そう。太陽です。古代より、太陽は希望の象徴でした。そして、東の窓から矢が放たれます。その矢が希望を射抜くのです。医者とのつきあい方をまちがえると、ときに人間は奈落の底に突き落とされるということになるわけです。

2千年以上も前に、あの医聖・ヒポクラテスが言っていたように、人間が健康を取り戻そうと思うなら、頼るべきは、私たちCDではありません。

何十年も連れ添ってきた自分のからだです。昨日今日知り合った医者よりも、自分のからだのことは自分がいちばんわかっています。CDの話を聴く前に、まずは自分のからだが発する内なる声に耳を澄ませてみることです。

CDの言いなり「お得意様患者」

不具合な箇所を切除したり、薬で症状を緩和したりするだけでは問題解決になりません。その不具合をもたらす原因となった生活行動は何なのか。その問題行動を取るようになってしまった背景はいったい何なのか。つまり、自分自身の生活を見直すことです。そう考えると、人間の健康上の不具合は、その生き方を見直すきっかけを与えてくれているのかも知れません。気づかないうちに根づいてしまった悪しき習慣を改めるチャンスです。

それができるのはCDではありません。他でもない、自分自身なのです。

はっきり言いましょう。健康で長生きしたいと思ったら、今すぐにCDとの距離感を見直してください。

病医院に行って意味があるのは、事故・怪我・感染症などの急性期疾患の場合のみ。がんをはじめとする生活習慣病の前では、正直なところ、CDは無力なのです。端的に言ってしまえば、**「病医院には行くな」**ということです。

体調がちょっとおかしいくらいでCDを頼ってはなりません。逆に不健康になってしまいます。

血圧が高かろうが、血糖値が高かろうが、骨密度が低かろうが、そんなものは病気とは言いません。単なる老化現象です。完治することはありません。

薬なんて無駄かつ有害と考えてください、それ以外の何物でもありません。

食事や運動など、生活を見直すことで調整するべきです。これ以上、CDの言いなりになって、**「お得意様患者」**になるのは即刻やめるべきです。

CD（チャラ医）は一切クスリを飲まない!?

私がどうしてそこまで言い切れるのかと申しますと…。その答えはきわめて簡単です。CD連中の言行不一致が理由です。

患者には大量のクスリを処方するCDですが、自分自身や家族のことになると、一切、クスリを飲みません。本当なんです。

知り合いのCDのほとんどは、見るからに不健康そうで、いずれも、糖尿病・高脂血症・高血圧症のどれかです。

ですが、10人中10人が「クスリは飲まない」と、きっぱり言います。研修医の頃、先輩ＣＤに理由を聞くと、「だって、学生時代に教わったもんね。クスリは身体に良くないって」と答えていたものです。

では、ＣＤらはどうするのかと言えば、患者さんには薬を出しますが、自分では薬を飲まずに食事や運動で少しずつ改善していくのです。

患者にはあれだけ検診を勧める彼らが、健康診断すら受けない。いや、それどころか、検診など有害であると明言すらしています。

検診のリスクについては、パート2で「ボクがんです」がお話しされましたので、ここでは、先輩のＣＤから教わった、検診が無駄な理由をご紹介しておきます。

検診が無駄な理由 ――なぜ6ヶ月月後に突然がんが見つかるのか

繰り返しますが、検診は無駄です。人間のからだは、体重一キロあたり一兆個の細胞でできています。そしてその細胞は時々刻々と新陳代謝を繰り返し、絶えず新しい細胞へと変化を遂げています。

毎日2000万個の赤血球が作られ、120日毎に全ての血液が入れ替わっているのです。胃や腸ならたった5日です。心臓なら20日。筋肉なら2ヶ月。皮膚は3ヶ月。骨は90日で分解され新しい骨に置き換わります。

つまり、**3ヶ月前の自分と現在の自分は、細胞レベルで考えれば生まれ変わったに等しい**のです。半年前には何でもなかった方のからだに、突然がんが発見されたりするのは、これが理由です。

海老蔵夫人の小林麻央さんが、乳がん検診を毎年受けていたにもかかわらずああなってしまったのも理解できます。

欧米では、がん検診など推奨している国はどこにもありません。検診自体の非有効性と過剰診断をはじめとするさまざまなリスクを根拠に、安易に検診を受けるべからずと勧告しています。

日本はどうでしょうか。いまだにピンクリボン運動などを前面に打ち出して「**早期発見・早期治療**」を「**商売のネタ**」にしています。

私めCDは、声を大にして世の女性たちに問わねばなりません。

「それでもまだ、乳がん検診を受けますか？」

私らＣＤも、霞ヶ関も、永田町も、皆わかっていながら、がん検診とか乳がん検診とか、訳のわからない仕掛けを作って、国民の目を真実から逸らさせているのです。

私は、胸が痛みます。堅実な読者の皆さん、国民の皆さん。もういいかげんに目を覚ましたほうがいいですよ。

ＣＤに言われるままにがん検診や人間ドックに応じることは、もうやめにしませんか！

検診の結果、腫瘍が発見されたらどうなるか。ＣＤは当然のように、いとも簡単に摘出手術を勧めてきます。


以下に、かつて私が勤務していたある病院の先輩外科医とのやりとりをご紹介します。

私は酒の席で、研修医の頃から不思議に思っていたことを先輩ＣＤにぶつけてみました。

それは、がん手術についてです。

がんが発見されて摘出手術に成功した患者さんのほとんどが、数年以内に再発または転移が見つかり、結果的に死んでいく…。それはどうしてなのかということです。

がんで家族を失ったご家族に話を聞くと、かなりの確率でこんな話が出てくるそうです。

「手術は成功です。目に見える限りのがんはきれいに取りました。抗がん剤で再発を抑えれば問題ありません。そう言われて、副作用に苦しみながらも治療を続けてきた。にもかかわらず、数年後に転移が見つかって…」

私がこんな話をしたとき、その先輩CDは言いました。

「開腹してみて目に見えるがんは全部取るだろうけど、目に見えないがんは取れないからねぇ。とりあえず、目いっぱい摘出して、あとは抗がん剤と放射線で再発しないことを祈るしかないもんねぇ」

まぁ、これはもっともな話なのかも知れません。だから、目には見えない転移に配慮して可能な限り広範囲を切除する慣習があるわけです。

もうおわかりですよね。

現象面だけを見て切り取ったところで、がんをもたらした根本の原因をつきとめない限り、数年以内にがんが再発することは自然の道理なのです。

抗がん剤の許可基準は有効率20％以上で認可

しかし、驚いたのはその後です。先輩CDが何気なく口にした言葉に私は絶句しました。

「キミ、知っているぅ？　抗がん剤の有効率は、そこそこ2割でしかないんだよ」

私めは口に含んだ日本酒を噴き出しそうになりました。

以下はそのときのやりとりです。

「8割ですよね？」

「いや、8割は効かないいんですよね」

「2割効く程度では有効とは言えないでしょう。」

「そぉなんですよねぇ。」

「…（まさか、そんなバカな）…」

翌日、朝一番から調べました。最終的に厚労省に電話までしました。その結果わかったのは、**《わが国の抗がん剤の認可基準は、有効率20％以上》**ということでした。

あるCDが、ある抗がん剤を10人の患者に投与したとしましょう。そのとき、2人に有効性が認められれば認可してあげましょう。他の8人には効かなくても仕方がない。

これが日本の医療の真実なのです。

さらに。仮にある患者さんにその抗がん剤が有効だったとしましょう。問題は、どう有効なのかということです。驚愕の回答はこうでした。

「ある患者さんに対して、ある抗がん剤が有効であるという場合、〝有効〟の定義は、もともとのがんの大きさが半分に縮んだ状態が4週間続くこと」なのです。

臓器にメスを入れられ、髪の毛が抜けたり、吐き気がしたり、そんなつらい思いをしながらもじっと我慢して抗がん剤治療を続けている患者さんたちは、果たしてこの真実を聞かされているのでしょうか？

抗がん剤は2割しか効かないのです。効きもしない強い薬で全身に不快感を抱えながら過ごした挙句の果てには再発してしまう…。

ここでみなさんには是非、思い出してもらいたい。

パート2の「ボクがんです」の告白をです。

がん細胞は、抗がん剤を浴びながらも、ひと月で抗体を自ら作り出すことができるのです。当初はがん細胞の退縮に効き目があると思われた抗がん剤でも、一ヶ月もすれば効かなくなるのです。

この話と、厚労省の「がん細胞の退縮が4週間続けば、その抗がん剤は有効」という話。妙に、いや、恐ろしいまでに符合していると思いませんか？？？


そもそも西洋医学とは、戦争の絶えなかった20世紀に主流となった学問です。その時代の医療に求められたのは、病気の根源的な治療ではなく、ケガやそれに伴う感染症に対処することでした。

傷への外科的処置と菌に対する抗生剤。この2点によってのみ、西洋医学は今日の医療の花形になったわけです。


ところが、現在の病気というのは当時とはまったく異なるものです。当時の病気のほとんどが「外からの病気」であったのに対して、**がんや心疾患や脳梗塞といった生活習**

慣病は「内なる病気」です。

要は、私たちが長い時間をかけて積み重ねてきた生活習慣が原因となって症状に表れた現象なのです。原因が私たちの生活のなかにあるわけですから、がんの病巣だけを摘出しても、退院して元の生活に戻っただけでは、がんが再発してしまうのも当然のことです。根本原因を潰してないわけですからね。

つまり、時代とともに病気の質も変わったのです。ならば治療法も変えていかないと、いつまで経っても、みなさんが健康を取り戻すのは難しいということになってしまいます。にもかかわらず、CDがやっているのは「対症療法」といって、目の前にある症状を潰すことだけです。薬も手術も延命治療も、ぜんぶ場当たり的な対症療法に過ぎません。だから、CDにもらった薬を飲んで高かった血圧が安定したといって喜んでいるあなたはおめでたいということ。これでは何の問題も解決しないのです。

CDには、がんも認知症も糖尿病も高血圧症も高脂血症も治せません。

CDにできるのは、検査して血圧や尿酸値やコレステロール等を数値で把握して、それを薬でコントロールすること。
副作用の危険をはらんでいる強い薬の力で、症状が改善したかのように錯覚させること
だけです。氷山の一角であるがん細胞を切り取って、抗がん剤と放射線で健康な細胞まで
痛めつけること。

そうして、患者のその後の暮らしに不自由を強要することです。
賢明な読者のみなさんは、しっかりと心に刻んでおかねばなりません。病気になるのは
自己責任、健康を取り戻すのも自己責任ということを！

★N（認知症）G（がん）は現代病の〝両横綱〟

さて、NGの話をしましょう。「納豆ごはん」の話じゃありません。せめて「ノー・グッド」と言ってください、ノーグッドならぬ**「認知症とがん」**のお話です。

N（認知症）とG（がん）。これはもう、現代病の両横綱ですよね。

あるNPOが、例年、お正月と七夕に「シニアの願い」というテーマでシニア（70歳以上）100名を対象に聞き取り調査を実施しています。

2017年にも行ったようで、その調査結果を入手しましたのでご覧ください。

【2017年1月3日～5日@横浜市中区の某寺院】
質問：自分自身のことで、何かひとつだけ願かけするとしたら？
結果：①認知症になりたくない（20件）

②寝たきりになりたくない（17件）
③がんになりたくない（16件）
④子どもに迷惑をかけたくない（13件）
⑤要介護になりたくない（12件）
⑥老醜化したくない（8件）
⑦元気で東京五輪を迎えたい（5件）
⑧子や孫の結婚を見届けたい（4件）
⑨100歳まで生きたい（3件）
⑩人並みに暮らしたい（2件）

【2017年7月6日～7日@東京都練馬区の某病院】
質問：星の王子さまが何かひとつ願いを叶えてくれるとしたら？
結果：①子どもに迷惑をかけたくない（21件）
②認知症になりたくない（20件）
③がんになりたくない（14件）

④寝たきりになりたくない（13件）
⑤要介護になりたくない（8件）
⑥老醜化したくない（7件）
⑦100歳まで生きたい（6件）
⑧子や孫の結婚を見届けたい（5件）
⑨孤独死したくない（4件）
⑩人並みに暮らしたい（2件）

最大の特徴は、不安や苦痛から逃れたいという欲求（「～したくない」）のほうが、楽しみを追求する意識（「～したい」）をはるかに上回っていることです。

そして、「～したくない」というネガティブ欲求の具体的な中身を見ると、NG（認知症・がん）が明らかに、際立っていると思いませんか？

シニアが恐れる2大災厄と言っていいと思います。長生きしなければならない時代においては、NGこそが円滑で幸せなシニアライフを望むみなさんの前にそびえ立つ高い壁と言っていいでしょう。

こうした調査結果を踏まえて、本書では、NとGが招かれて、ざっくばらんに話をしてもらったわけです。

読者の皆さんは、このNGの話を聞いてみてどう感じましたか？

認知症とがんをめぐる医学的な話や歴史的な話を別にすれば、NGから皆さんへのお願いが、非常に似通っていることに気づかれたでしょうか？

そうなんです。認知症とがん。そのいずれもが好むこと、いずれもが嫌がることは、ほとんど同じと言ってもいいくらいなのです。

このことから、みなさんが、認知症にも、がんにもなりたくないと思うのならば、NGが嫌がる食事や生活習慣をすればいいし、NGが好む食事や生活習慣を避ければいい。

そういうことになるのです。

生活習慣病の代表はG（がん）ですが、要は、N（認知症）も生活習慣病のひとつと言っていいと思います。認知症については、世間的な恐怖の根拠はその問題行動（医学的には「周辺行動」にあります。

で、いわゆるまだら呆け状態のご本人にカウンセリングをやってみると、その人の取られる問題行動の根底には、過去のネガティブな記憶が関わっているように思えてなりません。


例えば暴力行為を働く人の場合、戦争とか激しい喧嘩とか、ご両親に手をあげられていたとか。そういった封印してしまいたいような、あるいは、封印していたトピックがあることがわかってくるんです。

もの盗られ妄想で、「お金を盗まれた」と訴える人は、過去にお金にまつわる何かしらネガティブな経験を抱えています。

弄便みたいなことをする人は、幼少の頃にお粗相をして親から激しく叱られた経験があったり、食べ方に異変が出る人だと、かつて食べることに苦労をしていたとか。

徘徊ですと、門限が厳しいとか、あちこち自由に遊びに行くことを許してもらえなかったとか。

まあ、科学的根拠がないと言われてしまえばそれまでのことですが、でも当事者やご家族にしてみれば、根拠とか原因とかはどうでもいいんですね。目の前でいま起こっている問題行動がなくなればいい。緩和されればいい。それによって、困り果てているご家族の日常に平安が戻ってくればいいわけです。

科学的根拠があろうとなかろうと、そんなことは、ある意味、どうでもいいのです。チャランポランでもいいじゃないですか！

その意味では、西洋医学に対する東洋医学みたいなスタンスなのでしょう。大体、この世のなかには、科学では検証できずにいることがまだまだいっぱいありますから。

なぜ十月十日で赤ちゃんがお母さんのお腹から出てくるのか、医学ではいまだに解明できないんですから。ホント、チャランポランなところがいっぱいあるんですよ。

西洋医学におけるＣＤのＣＤたる所以ですよね。

認知症だって、まだまだ人智の及ばない領域の話です。当然のごとく、ＣＤにも及びません。やはり、認知症対策には、論理的アプローチと情緒的アプローチの両方が要ると思っています。ま、多くのCDは嫌がりますけど。

本当は情緒的アプローチのほうにプライオリティを置いてお手伝いすることも必要だって、わかってるんじゃないでしょうか。

たかだかCDの私なのに僭越ではありますが、私に言わせれば、NGの根っこは一緒です。その根っことは、ズバリ、糖尿病です。

一般に、糖尿病の危険因子は、
①加齢　②遺伝　③肥満　④運動不足　⑤過食　です。他に、高血圧や高脂血症も危険因子と言えるでしょう。
加齢と遺伝はコントロールのしようがありません。となると、改善可能な危険は、肥満・食事・運動となるわけです。

それから、私的には、肥満や食事の乱れの根源にあるであろうストレス。これも何とかしなければいけません。

でも、みなさん。よーくNGの話を思い出してみてください。**肥満・食事・運動、そ**

してストレスに配慮した生活というのは、そっくりそのままNGが嫌悪する暮らしぶりであるということを！

しかも、これらの対策は高血圧や高脂血症の抑制にも有効ですし、脳卒中や心筋梗塞の予防対策ともなり得るのです。

ということは、もう話は簡単です。あの、みなさんが顔も見たくないというほど忌み嫌っているNGに罹患するリスクを低減しようとするならば、彼らが嫌がるようなことを日々の暮らしに取り入れて、逆に、彼らが好むようなことを日々の暮らしから排除する。

そうすることで、間違いなく、NGに侵される心配は減るはずでしょう？

と、スッキリしたところで、さいごにNGになる確率を低減する方法を整理しておきましょう。

★ＣＤの罪滅ぼし─ＮＧ回避の十訓

これからお話するのは、ＣＤからのせめてもの罪滅ぼしです。読者のみなさんが、ＮＧに陥る確率を落とす方法をお教えします。

題して、「ＮＧ回避の十訓」とでも言いましょうか…。

①ＣＤには近よらない

ＣＤに通うほどに不健康になります。健康を取り戻す近道は、ＣＤと距離を置くことです。病医院というのは、健康をむしばむ細菌の温床です。

そんな場所に何時間も身を置いた挙句に、本来はからだに良くない薬を山ほど処方され、決して有効とは思われない検査にからだを晒され、ときにメスを入れられてからだに負担を強いるのです。

これからはもう、風邪をひいたら家で安静にしている。それがいちばんです。

そもそも、健康ってなんでしょう。

ひとつ、健康とは無自覚です。ふたつ、健康とは血流です。みっつ、健康とは均衡です。朝めざめて特定の場所に違和感をおぼえたら、それが不健康の徴です。血がスムーズに流れていないのです。血圧は高すぎても低すぎてもよくありません。血糖値もコレステロールも同様です。

バランスが大切なのです。活性酸素などからだに負荷をかける成分と、からだを正常に保つ免疫細胞とのバランスが崩れるのがいけないのです。

そんなときは、病医院に医者を訪ねるよりも、まずはからだのバランスをもとに戻して、私たちに本来備わっている自然治癒力を目覚めさせてあげる。

そうすることでしか、本当の意味での健康を取り戻すことはできません。

②食事に気を遣う

ひとは胃から衰えます。ということは、胃を酷使しないことです。

NGは食べすぎた体内環境が大好きです。食は悪と戒めて、腹5分を心がけましょう。

人間誰しも40歳くらいになると、目に見えて胃・腸・肝臓・腎臓などの臓器の機能が低下してきます。生まれてからずっと働きづめできたわけですから仕方のないことです。ならば内臓の機能レベルに応じて、摂取する食べ物も減らしていかないといけない。それが臓器に対する思いやりというものです。

必要以上に食べ過ぎることとは、とくに胃に大きな負担がかかります。胃が傷むと連鎖的に腸にも負荷がかかり、結果的に肌にまでしわ寄せがいき、文字通り、容姿の衰えが目立つようになります。

逆に、胃を酷使しないように気遣ってあげれば、若々しいルックスを維持できるということです。

手っ取り早いのは、一定の年齢を越したら、一日3食のルールに固執しないことです。朝をしっかり食べなきゃいけないとか、規則正しい時間に食事を取らなきゃいけないとか。こういうのは成長の盛りにある若い人たちの話です。

ある年齢を過ぎたら、おなかが減っていなければ（空腹感を覚えなければ）何も食べなくていいんです。そして空腹感を認識したら、体にグッドなものを少量だけ食べる。目安としては腹5分目です。

暴飲暴食は何より悪です。腹5分を意識して、絶対に、満タンにはしないことです。料理が盛られた量が多ければ多いだけ、人間は余分に食べてしまうものです。加工食品メーカーがビッグサイズを出すのは、そのことをよぉくわかっているからです。で、ついつい私たちはカゴに入れてしまうんですね。家庭でそんなことをしてはいけません。直径20センチのお皿を15センチのお皿に変えてみてください。それだけで食物摂取量は20％は減るはずです。

それから、せっかくお皿を小さくしても、おかわりをしてしまったら意味はありませんよ。どうしてもおかわりしたいときは、ちょっとだけ時間を置いてみましょう。すると、「やっぱりもう要らないや」となったり、「ほんのちょっとでいいな」となったりするものです。

『ちっちゃなお皿でおかわりNO！』。満腹を待たずに「ごちそうさま」にすることです。注意すべきことは、ゆっくり食べること。なぜならば、私たちの脳が満腹感を認識するのは、口から食べ物を摂って20分後だからです。

あまりせかせかと早く食べていると、このタイムラグのせいで、必要量以上に食べてしまうからです。

唐突ですが、イタリア人とフランス人。ともに、肉も炭水化物も大好きで、おまけに昼間からワインをがぶ飲みしているイメージ、ありませんか？

ですが、中高年の体型を比べてみると大違いです。イタリア人は肥満体が非常に多い。かたやフランス人はスマートで颯爽とした感じの人が目につきます。

同じような食文化にもかかわらず、です。なぜだかわかりますか？

答えは、食事の作法にあります。フランス人は食事にたっぷりと時間をかけますが、食物をひとくち口に運んだら、ナイフとフォークを手からはなしてテーブルに置く。

このマナーが子どものころからしつけられているのです。

これによって、結果的にゆっくりと食べるクセが自然と身についているわけです。

おしゃれですよねぇ～。

早食いは肥満のもと。肥満は万病のもとです。

私たちもフランス人を見習って、ひとくち食べたらよく噛んで、飲み込むまでのあいだはお箸を置く。

そんな習慣を心がけてみてはどうでしょうか。

噛んでる間はお箸をおく。これが大切です。早食いは過食のもとです。

今夜から、「飲み込むまでは箸を置く」を実践してみてください。


ヒポクラテスの言葉を思い出しましょう。

「万病は過食からくる。体調を戻すには胃を空っぽにする」。そういうことです。

少し、女性にお伝えしておきましょう。女性の死因トップは大腸がんです。

デザートバイキングに行かないほうがいいと思います。食生活の欧米化が浸透して久しいですが、肉や油などたんぱく質や脂肪分などカロリーの高い食事に偏ると、便が大腸にとどまる時間が長くなり、便に含まれる発がん性物質も長い時間とどまります。

そもそも女性は、男性に比べて筋力が弱いため、腸をうまく動かせず、便秘になりやすい。更年期ともなると、大腸がんの防御作用があるといわれている女性ホルモンの分泌量が急激に減少するため、さらにがんが発生しやすくなります。

乳製品の摂りすぎはがんを招きます。乳製品を摂りすぎないことです。

『かつて雪印さんが大変なことをやってしまったが、そもそも、牛乳というヤツは売っていて気持ちのいいものじゃない。我が家はもっぱら豆乳を愛飲しています』と、雪印ではない大手乳業会社の部長さんが話していました。

ちなみに、牛乳が健康に及ぼす悪影響（骨粗鬆症、成長ホルモンや抗生物質に起因する伝染病やがん）は、2000年くらいから関係者の間では広く知られているにも関わらず、メディアではさほど取り上げられていません。

休日ともなれば、シティホテルのケーキバイキングや、表参道界隈のパンケーキ屋の店先には女性たちの行列ができ、店内では砂糖とミルクとバターてんこ盛りのケーキやペイストリーを貪り食らう女子で溢れています。

がんの発症は数十年後です。更年期を迎えたときに残念なことにならないよう、デザートバイキングは特別な日限定のご褒美にしてみてはいかがでしょうか。

一方、男性に注意してほしいのが喫煙です。男性の死因トップは肺がんです。喫煙はやめるに限ります。あの悪臭は周囲の人にも迷惑千万ですから、即やめましょう。男性の肺がんによる死亡率が、急激に上昇しています。

男性の人口10万人当たりの肺がんによる死亡者数は、ここ10年で3割も増えています。原因としては、当然、喫煙が深く関わっています。

「喫煙率は年々下がっているのに、なぜ肺がんの死亡者数が急増しているのか」と訊かれることが多いのですが、答えは簡単です。

肺がんには、「肺に発がん性物質が蓄積することで発症リスクが高まる」という特性があるのです。肺がんが発症する確率が急激に上るのは、喫煙を開始してから30～40年後です。

喫煙率が肺がんの罹患率や死亡率に反映するのにはタイムラグがあるのです。逆に言えば、ここ数年の喫煙習慣で発症する確率は低いということです。

ちなみに、現在の男性喫煙率は30％程度。15年前は50％。今から40年ほど前の男性の喫煙率は丁度ピークに当たっており、ゆうに80%を超えていました。

このことが、現在の日本で、男性の肺がんの罹患率と死亡率を急激に上昇させる原因となっているのです。

将来的に肺がんになりたくなければ、早期に煙草を手放すことです。

③ぐっすり眠る

認知症の正体は、脳が活動したときに生まれる老廃物アミベー（アミロイドβ）です。これは言わば〝脳のゴミ〟。このゴミの蓄積が認知症の引き金と考えられています。

加齢とともに、ゴミの排出力が落ちること認知症の原因です。それでは、いったい、どうすればしっかりとゴミを排出できるのでしょうか？

実は、深い眠りによってアミベーを脳から洗い流せるという事実がわかってきました。つまり、**脳にとって睡眠時間は大事なクリーニングタイム**なのです。

ですから、睡眠時間を確保できなかったり、眠りが浅かったりすると、脳の掃除がうまくいかずアミベーがどんどん溜まってしまうわけです。

とにかくぐっすり（グッドスリープ）眠ること。ばっすり（バッドスリープ）ではダメなのです。それでは、ぐっすり眠るにはどうすればいいでしょうか？

その答えは、以下の④から⑩までを習慣化することです。

④お風呂で温まる

がん細胞は高温に弱いです。40度〜42度のお風呂に入ってからだを温める。この全身入浴でがんをやっつけることができます。

これ、温熱療法と言います。からだの中で活性酸素が溜まりすぎるとがんになります。でも大丈夫。低体温が大好きながん細胞は、逆に40度を超えると衰えはじめ、42度で死滅することがわかっています。**40度から42度のお風呂に10分以上、全身の力を抜いてゆったりと浸かってください。**

ポイントは、太い血管が流れている首すじと腋の下から、からだに熱を取り込むこと。そうしながら、カラダの内側からじっとりと汗が出てくるまでバスタイムをエンジョイすることです。

入浴前に、炭酸水や温かいモノを飲んでおくと更に効果的です。併せて、頭のなかで薔薇色の未来をイメージしながらリラクゼーションすれば、成長ホルモンが分泌されて効果倍増です。

免疫力をアップするには、とにかく身体を温めることです。がんに限らず、健康維持のために身体を温めてやることは実に有効なのです。

⑤瞑想する（ボーっとする）

ビル・ゲイツもスティーブ・ジョブスも長嶋茂雄もイチローも、みんな瞑想を実践していたそうです。

瞑想でこころを整えると、頭のなかはスッキリして、仕事の効率はあがり、性格も明るくなってクヨクヨしなくなり、超気持ち良くなって、おまけにぐっすり眠れるようになります。

瞑想という文字を見ると何だかむずかしそうだし、オウム真理教とかを連想してちょっと胡散臭そうに感じる人もいると思います。でも、ここでいう瞑想とは、そんなに大それたものではありません。姿勢と呼吸を整えてボーっとするだけです。

朝でも夜でも昼でも構いません。気の向いたときにやればいいのです。

ボーっとするとはいっても、人はいろいろな問題を抱えて生きているので、次から次へと雑念が湧いてきます。でも、それらはことごとくスルーすればいい。

あるいは、それがしっくりいかない人は沈思黙考したっていいのです。ルールに縛られることなく、自分が思うがままに、リラックスして、

＊調心（無の状態を意識する）・調身（地べたでも椅子でもソファーでもいいから腰を下ろして、肩の力を抜いて、胸を張って背筋と骨盤を伸ばす）

＊調息（ゆ～っくり吐くこと3秒、ゆ～っくり吸うこと3秒。これを繰り返す）してみましょう。

一日5分でもいいから、まずは始めてみることです。日常溜まった疲れやストレスから解き放たれて、（飲みに行ったりエステに通ったりするのと比べて）コストをかけずにリフレッシュでき、エネルギーチャージすることができる筈です。

⑥音楽に触れる

音楽が持つリラックス効果は、心身の健康にとても有効であることが検証されています。

音楽が持つエネルギーは、自分自身の内側にある安らぎの場所へ誘ってくれます。

心地よい音楽に触れるとき、人は幸せを見い出し、自分の本質を知ることができます。

音楽は、内なる世界に神聖な感覚や喜びを呼び覚ましてくれるのです。

何かしらの音楽をかけるだけで、カフェやレストランの雰囲気が変わります。音楽は、空間そのものを変えてしまいます。ある一曲が時代を作ってしまうことさえあります。すごいことです。そんな音楽を日常生活にうまく取り入れたいものです。

音楽を聴くことで、脳内でドーパミンという快楽ホルモンが分泌され、人は癒され、安らぎ、前向きな気持ちになることができるのです。

それでは、どんな音楽を聴くのが望ましいのでしょうか。答えは、みなさんが好きな曲を聴くことです。

ある曲が聴く人の脳にどのような変化をもたらすか。脳をいかに活性化させるかは、千差万別です。要するに、聴く人がその音楽を好きかどうか、思い入れがあるかどうかに懸かっているのです。

同じ音楽でも、その曲を好きな人が聴くと脳が活性化するけれども、何とも思っていない人が聴いても脳は活性化されないわけです。

長く人間をやっていれば、忘れられない記憶とともに心に刻まれた曲というのがあるはずです。そんな曲を紐解いてみるのもいいでしょう。

クラシックであれば、作曲家の生涯やその時代背景を調べてみることで、より一層、愛着が増してくるということもあるでしょう。

毎日の暮らしに積極的に音楽を取り入れることをお勧めします。

⑦適度に運動する

運動は、無理のない範囲で、習慣化したいところです。生活の中で姿勢を正す、階段を利用する等でも効果があります。

適度な運動は肥満を予防し、ストレスの発散にもなります。

ウォーキング、水泳、エアロビクス、ストレッチ等の有酸素運動がいいでしょう。有酸素運動をすることで、神経細胞を活性化するホルモンが分泌されることやアミベーさんを分解する酵素を増やすことが期待できます。

また、運動後だとよく眠れるのでアミベーの排出にも好影響をもたらすと考えられます。

⑧社交を楽しむ

枯れて、萎んで、ひとり哀しく死んでゆく…。そんな孤独な最期がイヤならば、積極的に社会との関わりを持ちましょう。

老人クラブでも趣味のサークルでも何でもいい。すべてはアナタの心の持ち方次第です。年齢を理由に、自分の心にタガをはめるのだけはやめましょう。

他人と会話をすることで脳は活性化します。特定の人と同じような会話を繰り返しているよりも、いろんな人と出会って新鮮な会話をするほうが効果的です。

もっとも理想的なのは、老いらくの恋の相手を見つけることです。人間には108の煩悩があって、食欲にもまして異性に対する関心や興味は生涯なかなかつきないもの。

そうでなければ人類は絶えてしまうわけで、当然といえば当然なのかもしれません。

数多くのシニアと話していて理解したのは、『死ぬまでにもう一度、恋がしたい』と語る人たちがすごく多いということです。

長年連れそった配偶者と死別したことで孤独感が強まったり、家庭に自分を理解してくれる人がいないことへ不満を募らせたりなど、きっかけはそのようなことだと思います。


しかし、『恋愛とは、はしたないこと』などという価値観すらはびこっていた時代に青春を過ごした人たちが、人前で『恋がしたい』と口に出すということは、その言葉は、SOSを含んだメッセージと汲み取ることもできるのではないでしょうか。

介護施設等での催しでも、いちばん盛り上がるのはフォークダンスや、男女がペアになるゲームと相場が決まっています。

重度の介護状態にある者同士が特別の思い入れを抱くような関係になって、心身の状態が快方に向かうということもよくあることです。杖なしでは歩行できないはずの人同士が、廊下の隅でそっと抱擁していたりするのが恋の力なのです。


性欲を伴おうとそうでなかろうと、恋愛ほど生きていくための意欲やエネルギーを呼び覚ますものはありません。

極端な話、エッチをしても赤ちゃんができてしまう心配もないのですから心配無用。いずれにしても、老いらくの恋には、燃え尽きる前にもうひと燃えする線香花火のような妖艶な美しさがあります。まさしく色恋とは、心身の健康の良薬にちがいない。

色恋に勝る良薬なし、そう思うのです。

⑨知的活動を楽しむ

頭を使いながら指先を動かすことを知的活動といい、神経細胞を活性化するのに効果があります。具体的には、囲碁や将棋や麻雀、裁縫や手芸、ダンス、楽器演奏、絵を描くような芸術活動などです。

知的活動が心身に良い影響をもたらすことは、これまで多くの研究で明らかにされています。例えば、音楽を聴く、歌う、音楽に合わせて踊るという活動は、精神的に障害を抱えている方や認知症の方に対して症状の改善効果があるとされていて、音楽療法として導入している施設もあります。

併せて、知的活動を通して友人ができることや、社会とのつながりができることも心身へ良い影響を与えると考えられています。

⑩感動する

「病は気から」という言葉もあるように、気持ちを前向きに持つということは本当に重要なことです。その対象は、人によって、仕事でも趣味でも道楽でもスポーツでもボランティアでも、何だっていいのです。

要は、ワクワクドキドキ、ハラハラドキドキするような刺激。これが老化を抑制してくれるのです。なんの刺激もない生活に慣れてしまうと、ボケてないのにボケたようになってしまいがちです。

同じ80歳でも、いろいろな80歳がいますよねぇ。認知痴症ではないのにボケているみたいになっている人は、おそらく脳を使っていないからではないでしょうか。

脳の老化で何が怖いかと言えば、使わなくなってしまうこと。ただそれに尽きると思います。

それでは、脳という臓器のどこから老化が始まるのでしょうか。そこがやられると、もの忘れが始まると注目される脳の「海馬」という部分があるのですが、実は、海馬より先に縮む部分が「前頭葉」です。

前頭葉が縮むと意欲が落ちます。意欲が落ちて、楽しみもやる気もなくなって頭を使わなくなり、体も使わなくなって歩行能力が落ちたりします。

では前頭葉を使うとはどういうことでしょうか。これこそが感情の老化抑制、つまり、ハラハラドキドキの感情体験をすることなのです。

ですから、奥さんが黄色い声をあげてジャニーズ系アイドルを追いかけ回しても文句を言ってはいけません。男性の場合には、ゴルフであれ、カラオケであれ、クラブ遊びであれ、奥さんは頭ごなしに叱ってはいけません。

みんな、もうちょっと遊んでもいいのです。感情を若々しく保つことが老化予防の基本なのですから。

やはり**「よく遊び、よく学ぶ」**ということが脳の健康維持には有効なのだなぁ～と改めて思います。

おわりに

お疲れ様でした。
いかがだったでしょうか？　何かひとつでも、主体的なシニアライフのヒントになればいいのですが…。

長生き時代を生きる私たちにとって、認知症は最大のリスクです。ボケてしまったら最後、私たちの言葉はいっさい信用されなくなります。
私たちは自らの人生の主役を追われ、成年後見人やら医者やら親不孝な子どもやら、要は他者の思惑に支配されながら生きていくしかなくなるわけです。

ボケてしまった私たちを前にして、相手は笑顔でハイハイと頷きながら、「どうすればこの厄介な状況を抜け出すことができるか」ばかりを考えています。当事者が元気だった頃の価値観や嗜好など考慮することもなく、いかに合理的に処理するかだけを考えています。

でもそれは致し方ないことかもしれませんね。逆の立場になればわかりきったことです。

人に迷惑をかけるとか、財産分与に自分の意思を反映できないとか、そんなことよりも、自分の人生のオールを他者に委ねざるを得ないということが、私たちが認知症を怖れる理由です。人生１００年時代を生きる私たちにとって、認知症はいまや最大のリスクです。

このリスクをなるべく低くするためにも、元気なうちにこそ、エンディングを迎えるまでに想定される課題について、自分の考えを決めて紙に書いて、さいごを託したい大切な人に伝えておくことです。そうしておくことで、もしもの場合でも自分らしい人生を送れる確率が高くなります。是非お薦めしたい認知症対策です。

その認知症、長年にわたる日常的な服薬が大きな原因ではないかと取り沙汰されています。医原病（医療ミス、過剰医療、お任せ医療等が原因で起こる疾患や健康被害）という言葉もあるように、ふだんからの医者との関わり方が私たちの未来の不沈を握っています。

症状に改善がみられているのかどうかが定かではないにもかかわらず、医者に言われるままに何年間も通院を続けているシニアがいかに多いことか。

何十年も連れ添ってきた私たちのカラダです。私たちがいちばんよく知っているはずです。検査データを偏重せずに、朝晩ほんの少しの時間でいいから、自分のカラダが発するシグナルに耳を傾けてみてください。

で、ちょっとイマイチだなぁ〜と感じたら、何日間か暴飲暴食を控えて過ごしてみてください。それでも違和感を感じたら、そこではじめて医者のドアを叩いても遅くはないのではありませんか？

是非ともこれまでの医者とのつきあい方を自問自答して振り返ってみてください。

そして、この本がみなさんの健康を取り戻すきっかけとなればうれしく思います…。

どうかこれからの人生を賢く生きてください。

〈人生100年時代の老い先案内人〉

特定非営利活動法人

市民のための医療と福祉の情報公開を推進する会・NPO二十四の瞳

理事長　山崎　宏

<著者プロフィール>

山崎　宏（やまざき ひろし）

社会福祉士。NPO 二十四の瞳 理事長。

1961年、東京都出身。慶大卒後、外資系コンピューター会社、コンサルティングファーム、医療系メディア、複数の病医院を経て現職。シニア世帯向け24時間365日対応の電話相談サービス「お困りごとホットライン」には、過去12年間で6千件超の相談が寄せられている。終活完全パッケージ「SMAP（さいごまで丸ごと安心パスポート）」、信託遺産「エイジングウィル」、終活講座「敬老義塾」が大好評。昨年来、老後の想定課題すべてに対応する認定資格「SWC（スマートウェルネスコンシェルジュ」を創設し、全国に拠点拡充を展開中。社会福祉士三田会常任幹事、認知症学習療法士、医業経営コンサルタント。コンタクトは、http://24i.jp/　から。

著書に、『誰も教えてくれない〝老老地獄〟を回避する方法』（ごま書房新社）など。

何がめでたい！ 日本人の老後
医者には決して書けない「老後の十戒」

著　者	山崎 宏
発行者	池田 雅行
発行所	株式会社 ごま書房新社 〒101-0031 東京都千代田区東神田 1-5-5 マルキビル 7F TEL 03-3865-8641（代） FAX 03-3865-8643
カバーデザイン	（株）オセロ 大谷 治之
DTP	ビーイング 田中 敏子
印刷・製本	精文堂印刷株式会社

ISBN978-4-341-08709-8 C0036